SEMINÁRIOS

Introdução ao Direito e Direito Digital

PROF. JORIELSON BRITO NASCIMENTO

Editora Independente

SEMINÁRIOS.

INTRODUÇÃO AO DIREITO E DIREITO DIGITAL

PROR. ME. JORIELSON BRITO NASCIMENTO

CURSO DE CIÊNCIAS DA COMPUTAÇÃO

UNIVERSIDADE FEDERAL DO AMAPÁ - UNIFAP

NASCIMENTO, Jorielson Brito

Ebook, Seminários Introdução ao Direito e Direito Digital / Jorielson Nascimento; 1a edição; Macapá, Editora Independente, 2023.

ISBN: 9798863816791
Selo editorial: Independently published

1.   Direito. 2. Introdução ao Direito. 3. Direito Digital.

I.   Título

PROF. JORIELSON BRITO NASCIMENTO
Editora Independente

Jorielson Brito Nascimento
Coordenador

SEMINÁRIOS
Introdução ao Direito e Direito Digital

Carlos Henrique Barreto Mareco (Organizador)
Christiano de Oliveira Bezerra (Organizador)
Davi Alberto Correa (Organizador)
Lorena Roberta Nunes Guimarães (Organizadora)
Luis Gustavo Barbosa da Rocha (Organizador)
Moisés Bastos da Cruz (Organizador)

Alexsandro Monteiro Nascimento Callins
Athirson Sá dos Santos
Charlison Miranda Macêdo
Gabriel Lamarão da Silva Costa
Higor Souza da Silva
João Victor Ferreira de Aragão
Kauê de Magalhães Brandão
Marcus Vinicyus Santos Figueira
Raiana Correa
Vinicius Dias Nogueira
Vinicius Nobre da Silva
Welliton Nunes Almeida
Zedekias Coelho da Nobrega

Macapá
2023

*Agradecimentos à Coordenação do Curso de Ciências da Computação, em especial ao Prof. **Marco Antônio Leal da Silva;***

*Agradecimentos à Coordenação do Curso de Direito em especial ao Prof. **Antonio Sabino.da Silva Neto.***

Elaborado por

Jorielson Brito Nascimento

Revisão por

Jorielson Brito Nascimento

Design da Capa

Jorielson Brito Nascimento

"O espírito humano precisa prevalecer sobre a tecnologia".

Albert Einstein

APRESENTAÇÃO

Este Ebook é a reunião de artigos e pesquisas acadêmicas produzidos pelos alunos 9º semestre do Curso de Ciências da Computação (2023) da Universidade Federal do Amapá (UNIFAP), para a disciplina INTRODUÇÃO AO DIREITO, ministrada pelo Prof. Me. Jorielson Brito Nascimento. As pesquisas foram desenvolvidas e apresentadas em forma de seminários sob os seguintes temas:

1 - Lei Carolina Dieckman (Lei Nº 12.737/2012);

2 - Ciência Da Computação e a Prova Forense;

3 - Lei do Stalking (Lei 14.132/2021);

4 - Lei do E-commerce (Decreto nº 7.962/2013);

5 - Marco Civil da Internet (Lei nº 12.965/14);

6 - LGPD (Lei Geral de Proteção de Dados - Lei 13.709/2018;

Para as apresentações dos seminários seguiu-se criteriosa orientação metodológica, permitindo-se aos relatores, debatedores e comentadores, tanto o aprofundamento dos temas pesquisados como também, e sobretudo, a articulação dos temas com a disciplina Introdução ao Direito.

A metodologia desenvolvida na disciplina, por meio de seminários, permitiu ao aluno compreender e perceber que os assuntos relacionados à matéria introdutória do Direito, encontram correspondência pragmática em todos os temas pesquisados e debatidos durante as apresentações.

Não se exigiu rigorismo na observâncias das regras acadêmicas para a produção dos artigos, exatamente por se tratar de uma turma caloura na Universidade, mas a qualidade não deixou a desejar.

Prof. Jorielson

SUMÁRIO COMPLETO

LEI DE STALKING

LEI GERAL DE PROTEÇÃO DE DADOS (LGPD) - LEI Nº 13.709/2018

DIREITO DIGITAL: LEI CAROLINA DIECKMANN (LEI Nº 12.737/2012)

Alexsandro Monteiro Nascimento Callins
Davi Alberto Correa Silva do Carmo
João Victor Ferreira de Aragão
Marcus Vinicyus Santos Figueira

Resumo

Este artigo examina a Lei Carolina Dieckmann (Lei nº 12.737/2012) como um marco no Direito Digital brasileiro para combater crimes cibernéticos e proteger a privacidade online. Discute-se o contexto e a origem da lei, tipos de crimes cibernéticos abordados, penas e punições, comparações com legislações internacionais, procedimentos legais e investigativos, desafios enfrentados e o impacto da lei na sociedade. Destaca-se a importância da conscientização sobre segurança cibernética para prevenir futuros delitos digitais. A Lei Carolina Dieckmann representa um passo importante na proteção online, mas a evolução tecnológica exige adaptações contínuas nas leis.

Palavra-chave: Direito Digital; Crimes Cibernéticos; Proteção de Dados.

Abstract

This article examines the Carolina Dieckmann Law (Law nº 12.737/2012) as a landmark in Brazilian Digital Law to combat cybercrime and protect online privacy. It discusses the context and origin of the law, types of cyber crimes addressed, penalties and punishments, comparisons with international legislation, legal and investigative procedures, challenges faced and the impact of the law on society. The importance of cybersecurity awareness to prevent future digital crimes is highlighted. The Carolina Dieckmann Act represents an important step forward in online protection, but technological evolution requires continuous adaptations in laws.

Keywords: Digital Law; Cybercrime; Data Protection.

1. INTRODUÇÃO

Nos últimos anos, a crescente ubiquidade da internet e da tecnologia digital transformou profundamente a maneira como vivemos, trabalhamos e nos relacionamos. No entanto, esse avanço tecnológico também trouxe consigo desafios significativos, especialmente no que diz respeito à segurança e à privacidade online.

Em resposta a essas preocupações, a Lei Carolina Dieckmann, oficialmente conhecida como Lei nº 12.737/2012, emergiu como uma peça crucial da legislação brasileira voltada para o combate aos crimes cibernéticos e a proteção dos direitos individuais dos cidadãos na era digital.

Esta lei, nomeada em homenagem à atriz Carolina Dieckmann, que foi vítima de um notório incidente de vazamento de fotos pessoais na internet, representa um marco importante na busca por um ambiente online mais seguro e protegido.

Neste artigo, exploraremos em detalhes o contexto e a origem, os principais tipos de crimes cibernéticos que a lei aborda, as penas e punição, faremos comparação com legislações internacionais, abordaremos os procedimentos legais e investigativos, os desafios e limitação enfrentados e o impacto da Lei Carolina Dieckmann na sociedade brasileira, bem como sua relevância contínua em um mundo cada vez mais conectado e digital e os avanços e atualizações na legislação.

2. CONTEXTO E ORIGEM DA LEI

Patricia Peck (2016) define o Direito Digital como a evolução do próprio Direito, abrangendo todos os princípios fundamentais e institutos que estão vigentes e são aplicados até hoje, assim como introduzindo novos institutos e elementos para o pensamento jurídico, em todas as suas áreas (Direito Civil, Direito Autoral, Direito Comercial, Direito Contratual, Direito Econômico, Direito Financeiro, Direito Tributário, Direito Penal, Direito Internacional etc.).

Com o avanço das tecnologias e a crescente integração do mundo digital em nossas vidas cotidianas, tornou-se evidente que o direito tradicional estava despreparado para lidar com as complexidades e desafios emergentes nesse novo cenário. A necessidade de regulamentar e proteger os direitos dos cidadãos no ambiente digital levou à evolução do Direito Digital, uma extensão natural do Direito convencional.

Este campo do direito reconhece a importância de adaptar e expandir o arcabouço legal existente para atender às demandas da era digital, abordando questões como privacidade, segurança cibernética, crimes cibernéticos e muito mais.

Marcelo de Camilo Tavares Alves (2009) descreve o Direito Digital como o resultado da relação entre a ciência do Direito e a Ciência da Computação, sempre empregando novas tecnologias. Trata-se do conjunto de normas, aplicações, conhecimentos e relações jurídicas, oriundas do universo digital. Essa evolução não poderia ser mais evidente do que na criação da Lei Carolina Dieckmann, oficialmente conhecida como Lei nº 12.737/2012.

Como apontado por Patricia Peck (2016), o Direito Digital representa uma evolução natural do campo jurídico, adaptando os princípios e institutos tradicionais para atender às complexidades do ambiente digital em constante mudança. À medida que a tecnologia continua a moldar nossa vida cotidiana, o direito convencional muitas vezes se mostra inadequado para lidar com os desafios emergentes.

Neste contexto, Marcelo de Camilo Tavares Alves (2009) destaca que o Direito Digital é o resultado da interseção entre a ciência jurídica e a Ciência da Computação, aplicando-se a normas, conhecimentos e relações jurídicas no contexto digital. Essa evolução não poderia ser mais evidente do que na criação da Lei Carolina Dieckmann, oficialmente conhecida como Lei nº 12.737/2012.

3.   A LEI CAROLINA DIECKMANN

A Lei Carolina Dieckmann, oficialmente Lei nº 12.737/2012, é uma legislação brasileira criada em resposta ao caso de violação de privacidade da atriz Carolina Dieckmann, que teve fotos íntimas vazadas na internet em 2012. Ela recebeu esse nome devido à notoriedade do caso e entrou em vigor em abril de 2012. A legislação busca proteger a privacidade e regulamentar ações relacionadas à segurança na internet no Brasil.

A Lei Carolina Dieckmann tem como principal objetivo combater os crimes cibernéticos e proteger a privacidade dos cidadãos online. Ela concentra seus esforços na punição das invasões de dispositivos eletrônicos e na prevenção da divulgação não autorizada de informações privadas. Desde sua aprovação, essa legislação tem desempenhado um papel significativo na proteção da privacidade online, proporcionando uma base legal sólida para processar aqueles que violam essa privacidade.

4. TIPOS DE CRIMES CIBERNÉTICOS

Antes de abordarmos os tipos de crimes cibernéticos, é importante ter uma noção do que são esses crimes. Os crimes cibernéticos são atividades ilegais realizadas no ambiente digital, como hacking, fraudes online, roubo de identidade, difamação e assédio online, entre outros. Esses crimes exploram a tecnologia da informação e a internet para cometer ações prejudiciais e ilegais. Eles representam uma ameaça significativa, exigindo leis e regulamentações específicas para enfrentar os desafios da aplicação da lei online.

A prevenção e a conscientização são cruciais para proteger indivíduos e empresas contra os riscos dos crimes cibernéticos. Agora que já temos esse conhecimento, logo abaixo iremos abordar brevemente os tipos de crimes cibernéticos.

1. Hacking: Acesso não autorizado a sistemas, redes ou dispositivos para obter informações, causar danos ou interromper operações.

2. Phishing: Envio de mensagens fraudulentas para enganar os usuários e induzi-los a divulgar informações pessoais, como senhas e dados bancários.

3. Roubo de Identidade: Uso não autorizado

de informações pessoais para cometer fraudes financeiras ou outros crimes.

4. Fraudes Online: Realização de atividades fraudulentas, como esquemas de pirâmide, venda de produtos falsificados ou não entregues após pagamento, entre outros.

5. Ransomware: Bloqueio de acesso a sistemas ou dados até que um resgate seja pago aos criminosos.

6. Ataques de Negação de Serviço (DDoS): A um sistema ou site com tráfego excessivo para torná-lo inacessível.

7. Cyberbullying: Assédio, intimidação ou ameaças feitas através da internet.

8. Difamação Online: Publicação de informações falsas e prejudiciais sobre indivíduos ou empresas na internet.

9. Pornografia Infantil: Produção, distribuição ou posse de material pornográfico envolvendo menores de idade.

10. Crimes Financeiros: Realização de fraudes bancárias, lavagem de dinheiro e outras atividades ilícitas envolvendo transações financeiras online.

11. Invasão de Privacidade: Acesso não autorizado a informações pessoais, como fotos ou mensagens privadas.

12. Spam: Envio em massa de mensagens não solicitadas, muitas vezes para fins publicitários.

13. Crimes de Propriedade Intelectual: Violação de direitos autorais, marcas registradas e patentes na internet.

5.   PENAS E PUNIÇÕES

As penas para crimes cibernéticos podem variar amplamente dependendo da gravidade do crime, das leis do país em questão e das circunstâncias específicas do caso. Algumas das possíveis penas incluem:

1. Prisão: Os infratores podem ser condenados a cumprir penas de prisão, que podem variar de alguns meses a vários anos, dependendo da gravidade do crime.

2. Multas: Muitos países impõem multas financeiras como penalidade para crimes cibernéticos, com o valor da multa variando de acordo com a natureza do crime.

3. Libertação condicional: Em alguns casos, os infratores podem ser condenados a liberdade condicional, sujeitos a certas condições, como restrições ao uso da internet.

4. Restituição: Os infratores podem ser obrigados a pagar restituição às vítimas para compensar os danos financeiros causados.

5. Perda de Acesso à Internet: Em casos extremos, os infratores podem ser proibidos de acessar a internet como parte de sua sentença.

6. Confisco de Bens: Se os crimes cibernéticos resultarem em ganhos financeiros ilegais, os bens obtidos ilegalmente podem ser confiscados como parte da pena.

7. Programas de Reabilitação: Em alguns países, os infratores podem ser obrigados a participar de programas de reabilitação ou educação relacionados à cibersegurança.

É importante ressaltar que as penas podem variar de acordo com a legislação de cada país e a natureza específica do crime. Além disso, as leis e as penalidades relacionadas a crimes cibernéticos estão em constante evolução para acompanhar as mudanças na tecnologia e nas táticas dos criminosos.

Critérios para somar punições:

1. Gravidade do Crime: A gravidade do crime cibernético cometido é um fator importante. Crimes mais sérios, que causam danos substanciais ou afetam muitas pessoas, podem resultar em punições mais severas.

2. Danos Causados: A extensão dos danos causados às vítimas pode influenciar na decisão de aplicar punições mais rigorosas. Isso inclui danos financeiros, emocionais e qualquer tipo de prejuízo causado.

3. Reincidência: Se o infrator já tem histórico de cometer crimes cibernéticos ou violações semelhantes, isso pode levar a uma aplicação mais rigorosa das punições.

4. Motivação: A motivação por trás do crime também pode ser considerada. Crimes cometidos por ganhos financeiros, vingança ou outras intenções maliciosas podem resultar em punições mais severas.

6. COMPARAÇÃO COM LEGISLAÇÕES INTERNACIONAIS

Computer Fraud and Abuse Act (CFAA): é uma lei dos Estados Unidos que foi promulgada em 1986 e passou por várias revisões desde então. O CFAA visa criminalizar o acesso não autorizado a sistemas de computador e redes, bem como outras atividades relacionadas ao uso indevido de computadores.

Torna ilegal o acesso não autorizado a computadores

e sistemas de computador protegidos. Engloba uma variedade de ações, incluindo invasões de sistemas, furto de informações, danos a redes e sistemas computacionais.Fornece mecanismos legais para processar indivíduos que explorem vulnerabilidades em sistemas, acessem informações sem autorização ou causem danos a sistemas computacionais.As penas variam de acordo com a gravidade do crime, podendo incluir prisão e multas substanciais.

Ambas as leis tratam de crimes cibernéticos e acesso não autorizado a sistemas de computador; Ambas visam proteger informações pessoais e privacidade dos indivíduos; Tanto a Lei Carolina Dieckmann quanto o CFAA impõem punições para ações que envolvem invasões de sistemas e roubo/divulgação não autorizada de informações.

No entanto, a Lei Carolina Dieckmann é uma lei brasileira específica que aborda principalmente a divulgação não autorizada de conteúdo privado e invasões de dispositivos eletrônicos, enquanto o CFAA é uma lei mais abrangente dos Estados Unidos que aborda uma variedade de crimes cibernéticos; As leis têm jurisdição em diferentes países, o que significa que suas aplicações e consequências legais variam de acordo com a legislação nacional; A Lei Carolina Dieckmann é mais recente e pode refletir preocupações mais atuais relacionadas à privacidade e à segurança cibernética, enquanto o CFAA tem suas raízes na década de 1980.

7. PROCEDIMENTOS LEGAIS E INVESTIGATIVOS

Os procedimentos legais e investigativos relacionados à Lei Carolina Dieckmann envolvem uma série de etapas que são semelhantes a outros casos de crimes. Quando ocorre uma suspeita de violação dos artigos 154-A ou 154-B do Código Penal, o processo típico envolverá o seguinte:

- **Registro da Ocorrência:** O processo geralmente começa com o registro de uma ocorrência policial, onde a vítima relata a suspeita de um crime cibernético relacionado à invasão de sua privacidade ou divulgação não autorizada de informações pessoais.

- **Investigação Preliminar:** Após o registro da ocorrência, as autoridades iniciam uma investigação preliminar para reunir evidências e determinar se há indícios suficientes para prosseguir com a investigação formal.

- **Perícia Digital:** A perícia digital desempenha um papel fundamental na investigação de crimes cibernéticos. Especialistas em informática forense examinam dispositivos eletrônicos em busca de evidências digitais, como registros de acesso, comunicações e arquivos relevantes.

- **Requisição de Informações:** As autoridades podem emitir requisições de informações a provedores de serviços de internet e outras entidades para obter registros de comunicações e outros dados relevantes para a investigação.

- **Indiciamento e Inquérito:** Se as evidências coletadas durante a investigação preliminar justificarem, um suspeito pode ser indiciado formalmente. Isso marca o início do inquérito criminal, onde as autoridades buscam reunir mais evidências para sustentar o caso perante o tribunal.

● **Denúncia e Ação Penal:** Com base nas evidências reunidas durante o inquérito, o Ministério Público pode apresentar uma denúncia formal contra o suspeito. Isso dá início ao processo de ação penal, onde o caso é levado ao tribunal.

● **Instrução Criminal:** A fase de instrução criminal envolve a apresentação de evidências e depoimentos de testemunhas perante o tribunal. É nesta fase que o caso é analisado detalhadamente.

● **Sentença:** Após o julgamento, o tribunal emite uma sentença, que pode incluir penas para o infrator, como multas, prisão ou outras medidas punitivas, dependendo da gravidade do crime e das leis aplicáveis.

● **Recursos Judiciais:** Tanto a defesa quanto a acusação têm o direito de recorrer da sentença, se considerarem necessário. Isso pode levar a processos judiciais adicionais em instâncias superiores.

8. DESAFIOS E LIMITAÇÕES DA LEI

A implementação da Lei Carolina Dieckmann tem enfrentado desafios significativos no combate aos crimes cibernéticos. Alguns dos principais desafios e limitações incluem:

● **Complexidade Tecnológica e Anonimato:** A natureza complexa das tecnologias digitais e a capacidade de perpetradores de crimes cibernéticos se ocultam no anonimato online tornam a identificação e a persecução desses criminosos mais desafiadoras.

● **Cooperação de Provedores de Serviços:** A obtenção

de informações essenciais dos provedores de serviços de internet pode ser difícil, pois muitos deles estão localizados fora das jurisdições nacionais e podem não cooperar totalmente com as investigações.

• **Legislação Internacional e Jurisdição:** Crimes cibernéticos muitas vezes transcendem as fronteiras nacionais, o que levanta questões complexas de jurisdição e cooperação internacional na aplicação da lei.

• **Dificuldade na Identificação de Autores:** Identificar os autores de crimes cibernéticos, especialmente quando usam técnicas avançadas de ocultação de identidade, pode ser um desafio significativo para as autoridades.

• **Preservação de Evidências:** A preservação adequada de evidências digitais é fundamental para casos de crimes cibernéticos, e a falta de procedimentos adequados pode comprometer a investigação e a obtenção de condenações.

• **Falta de conscientização e educação:** Muitas pessoas não estão cientes dos riscos online ou das medidas de segurança necessárias, o que contribui para a ocorrência de crimes cibernéticos.

• **Velocidade da Evolução Tecnológica:** A rápida evolução das tecnologias digitais significa que a lei muitas vezes está em desvantagem, lutando para acompanhar as novas formas de crimes cibernéticos.

• **Enquadramento de Novos Crimes:** À medida que novas tecnologias emergem, novos tipos de crimes cibernéticos podem surgir, e a lei precisa ser atualizada para abordar essas ameaças em constante evolução.

Apesar dos desafios e críticas, a Lei Carolina Dieckmann representa um marco importante no combate aos crimes cibernéticos no Brasil, proporcionando maior proteção à privacidade dos cidadãos na internet e contribuindo para a conscientização sobre a importância da segurança digital. A sua aplicação e a contínua revisão são fundamentais para garantir que a legislação permaneça eficaz e atualizada diante do cenário tecnológico em constante evolução.

9. O IMPACTO DA LEI NA SOCIEDADE.

A lei teve um impacto significativo na sociedade brasileira, especialmente no que diz respeito à conscientização sobre crimes cibernéticos, à proteção da privacidade e à segurança digital. Alguns dos principais impactos observados incluem:

- **Conscientização sobre Segurança Digital:** A promulgação da Lei Carolina Dieckmann levou a um aumento na conscientização da população sobre os riscos digitais e a importância de proteger informações pessoais online.
- **Maior Preocupação com a Privacidade:** As preocupações com a privacidade online se tornaram mais proeminentes entre os cidadãos, incentivando-os a adotar práticas de segurança e a buscar maneiras de proteger seus dados pessoais.
- **Mudança de Comportamento Online:** A lei influenciou o comportamento online das pessoas, tornando-as mais cautelosas ao compartilhar informações pessoais e incentivando o uso de medidas de segurança cibernética.
- **Ampliação das Medidas de Segurança:** Empresas e indivíduos passaram a adotar medidas de segurança

cibernética mais robustas, como a implementação de firewalls, criptografia e autenticação de dois fatores.

● **Desenvolvimento de Expertise em Segurança Cibernética:** A necessidade de conformidade com a lei impulsionou o desenvolvimento de expertise em segurança cibernética, levando ao crescimento de profissionais e empresas especializadas nesse campo.

● **Cooperação entre Setores:** A lei incentivou uma maior cooperação entre o setor público e privado no combate aos crimes cibernéticos, facilitando a troca de informações e recursos para proteger a sociedade.

● **Legislação como Referência:** A Lei Carolina Dieckmann serviu como referência para outras iniciativas legislativas relacionadas à segurança cibernética, contribuindo para o fortalecimento do arcabouço legal do país.

10. AVANÇOS E ATUALIZAÇÕES NA LEGISLAÇÃO

Após a promulgação da Lei 12.737/2012 houve algumas mudanças e avanços notáveis no combate ao crime cibernético:

● **Lei Geral de Proteção de Dados (LGPD) (Lei nº 13.709/2018):** A promulgação da LGPD representou um marco importante na proteção dos dados pessoais dos cidadãos, estabelecendo diretrizes claras para o tratamento de informações digitais e impondo sanções rigorosas em caso de violações.

● **Aprimoramento de Dispositivos Legais:** A legislação relacionada à cibersegurança e aos crimes cibernéticos foi aprimorada para se adaptar às crescentes ameaças digitais, proporcionando às autoridades ferramentas legais mais eficazes para combater esses delitos.

● **Cooperação Internacional:** O Brasil intensificou sua cooperação com outros países no combate ao crime cibernético, reconhecendo que muitos desses crimes têm alcance internacional. Isso levou a acordos bilaterais e multilaterais para rastrear e processar criminosos em escala global.

● **Educação e Conscientização:** Houve um esforço significativo para educar e conscientizar o público sobre segurança cibernética e boas práticas online. Campanhas de conscientização visam reduzir o número de vítimas de crimes cibernéticos por meio da educação sobre como se proteger online.

11. RESPONSABILIDADE DOS PROVEDORES DE SERVIÇOS

Os provedores de serviços desempenham um papel fundamental na aplicação da Lei Carolina Dieckmann. Suas responsabilidades incluem:

● **Remoção de Conteúdo Infringente:** Os provedores devem remover prontamente qualquer conteúdo que seja apontado como infringente da lei.

● **Responsabilidade por Violação de Intimidade:** Os provedores de aplicações de internet podem ser responsabilizados por violação de intimidade se não retirarem ou tornarem indisponíveis conteúdos que envolvam cenas de nudez ou atos sexuais privados, quando publicados sem a autorização do participante, após denúncia ser formalizada.

12. EDUCAÇÃO E CONSCIENTIZAÇÃO.

A educação e a conscientização desempenham papéis cruciais na prevenção de crimes cibernéticos. Algumas estratégias eficazes incluem:

- **Planos de Combate a Crimes Cibernéticos:** Desenvolver planos abrangentes para combater crimes cibernéticos, com foco em medidas preventivas e educacionais para informar o público sobre os riscos online.

- **Programas Socioeducacionais:** Implementar programas socioeducacionais que ensinem medidas de segurança cibernética que devem ser adotadas ao usar redes digitais.

- **Publicidade e Propaganda:** Utilizar campanhas de publicidade e propaganda para informar e conscientizar as pessoas sobre as consequências legais e éticas de invadir o dispositivo informático de outras pessoas.

13. CONCLUSÃO

A Lei Carolina Dieckmann representa um marco significativo no Direito Digital, emergindo de um caso emblemático de invasão de privacidade e disseminação de conteúdo pessoal. Esta legislação destacou a necessidade crucial de regulamentações para proteger os indivíduos no ambiente virtual. Embora tenha proporcionado avanços na cibercriminalidade, o cenário do Direito Digital continua evoluindo. A contínua adaptação das leis, aliada à conscientização pública, é essencial para criar um espaço online seguro e justo. O futuro do Direito Digital depende da colaboração entre legisladores, profissionais de tecnologia e a sociedade, moldando uma era digital respeitosa e equitativa para todos.

A rápida evolução da tecnologia também exige que as leis se adaptem às novas ameaças e desafios que surgem no mundo digital. Portanto, é fundamental que a legislação e as estratégias de combate aos crimes cibernéticos continuem sendo atualizadas para proteger efetivamente os indivíduos e a sociedade como um todo.

REFERÊNCIA

https://walmarandrade.com.br/direito-digital/
#:~:text=Os%20princ%C3%ADpios%20elencados%20no
%20Marco,Prote%C3%A7%C3%A3o%20dos%20dados
%20pessoais

http://www.mpsp.mp.br/portal/page/portal/
cao_criminal/notas_tecnicas/NOVA%20LEI%20DE
%20CRIMES%20CIBERN%C3%89TICOS%20ENTRA
%20EM%20VIGOR.pdf

https://fia.com.br/blog/direito-digital/#:~:text=Para
%20quem%20quer%20iniciar%20os,seguran%C3%A7a
%20da%20informa%C3%A7%C3%A3o%20e%20outros.

https://www12.senado.leg.br/noticias/videos/2023/03/
lei-carolina-dieckmann-de-punicao-a-crimes-
ciberneticos-faz-dez-anos

https://blog.unyleya.edu.br/bitbyte/direito-digital/
#:~:text=O%20Direito%20Digital%2C%20assim
%20como,regula%C3%A7%C3%B5es%20jur
%C3%ADdicas%20no%20mundo%20virtual.

https://www.iberdrola.com/inovacao/o-que-sao-direitosdigitais

https://blog.advbox.com.br/direito-digital/#:~:text=Assim%20sendo%2C%20s%C3%A3o%20caracter%C3%ADsticas%20do,digital%2C%20que%20%20%C3%A9%20algo%20universal.

https://techcompliance.org/direito-digital/#:~:text=O%20mundo%20digital%20est%C3%A1%20cada,da%20informa%C3%A7%C3%A3o%20e%20da%20internet.

https://oabniteroi.org/wp-content/uploads/2021/10/Cartilha-Direito-Digital-Pronta.pdf

https://www2.camara.leg.br/legin/fed/lei/2012/lei-12737-30-novembro-2012-774695-publicacaooriginal-138245-pl.html

https://www.certifiquei.com.br/lei-carolina-dieckmann/

https://www.planalto.gov.br/ccivil_03/_ato2011-2014/2012/lei/l12737.htm

https://www.cnnbrasil.com.br/nacional/mp-denuncia-acusado-de-divulgar-fotos-do-corpo-de-marilia-mendonca-ele-tambem-respondera-por-nazismo-e-racismo/

CIÊNCIA DA COMPUTAÇÃO E A PROVA FORENSE

Higor Silva
Kauê de Magalhães
Lorena Nunes
Welliton Almeida

1. INTRODUÇÃO

A área da tecnologia passou por diversas evoluções e transformações, fazendo com que hoje ela esteja presente em inúmeras áreas da sociedade e sendo parte do nosso cotidiano. Uma das áreas em que ela se fez presente e indispensável é na criminalista. Apesar de seus avanços trazerem grandes benefícios à sociedade, ela também trouxe a evolução de crimes que passaram a ser também cibernéticos. Com isso, surge o ator principal nessa área, o perito, responsável por investigações utilizando a forense computacional.

Através do trabalho desse profissional e a utilização de diversos dispositivos e sistemas disponíveis atualmente para o auxiliar em suas buscas, os crimes cibernéticos que antes passavam despercebidos pela lei, agora são penalizados e investigados minuciosamente. Entretanto, o mundo da forense computacional ainda enfrenta inúmeros desafios, como a falta de padronização em sua busca por vestígios e a procura pelo equilíbrio entre a privacidade dos usuários e a liberdade do perito para concluir suas investigações.

2.   O PERITO FORENSE

O perito forense é o profissional responsável por investigar crimes, utilizando conhecimentos técnicos e científicos para coleta e análise de vestígios, evidências e indícios do delito.

Este profissional pode atuar na investigação de variados tipos de ocorrências, porém, nos próximos parágrafos deste artigo, direcionaremos o foco para o seu trabalho no âmbito do mundo digital, tratando em específico do perito forense digital.

2.1   O PERITO FORENSE DIGITAL

Assim como no mundo "real", no ambiente virtual também há a ocorrência de crimes. Com o avanço da tecnologia, a presença cada vez maior da internet em nossa rotina diária, os criminosos se beneficiam destas novas comodidades do mundo moderno para o auxílio, ou como principal forma, de práticas delituosas.

Aqui, surge a figura do perito forense digital, um profissional da área forense com seu campo de atuação voltado ao mundo digital. Incumbido de investigar crimes de natureza virtual, ele será responsável por coletar evidências, vestígios e indícios em dispositivos informáticos e telemáticos.

2.2   O TRABALHO DO PERITO FORENSE DIGITAL

A prova digital pode ser bastante volátil, por isso, é importante que o perito não apenas procure por evidências, mas, garanta o correto manuseio das ferramentas e preserve a evidência a ser coletada.

Observa-se também, que o perito forense digital não somente atua em crimes totalmente ocorridos no mundo virtual, sendo também necessário sempre que for identificada a possibilidade de evidências de natureza digital.

No processo de coleta de evidências, alguns cuidados a fim de manter a integridade dos dados a serem obtidos devem ser seguidas. A correta identificação dos equipamentos apreendidos (constando o nome da pessoa que o utilizava); não ligar dispositivos que já se encontre desligados – já que no processo de inicialização destes o próprio sistema realiza a alteração automática de alguns dados e em caso de dispositivos móveis, colocar estes em modo avião quando possível ou remover o cartão SIM e desliga-los – mantendo assim a integridade dos dados telemáticos e garantindo que os usuários não tentaram apagar os dados presentes nestes de forma remota.

O trabalho do perito forense não se restringirá somente a coleta da evidência, mas também em garantir a integridade desta, ele precisa se atentar a cadeia de custódia da evidência – de acordo com a Lei 13.964/2019 – sendo necessária a correta documentação de todos os procedimentos utilizados para manter e documentar a história cronológica do vestígio coletado, assim sendo possível rastrear a posse a manuseio da evidência desde seu reconhecimento até o descarte.

Um recurso fundamental utilizado pelo perito é o cálculo da *hash* da evidência digital. Ao se realizar e documentar este cálculo, o perito pode garantir que o dado extraído é mesmo presente no equipamento periciado, pois o cálculo de uma função *hash* consiste em transformar qualquer bloco de dados em uma série de caracteres fixos e únicos, sendo que qualquer alteração no bloco de dados, gera uma nova série de caracteres.

Por fim, após a evidência ser obtida, de forma integra e garantindo a cadeia de custódia temos a análise destes dados e, após isso, há a redação de um laudo que apresentará os resultados da perícia realizada.

3. EQUIPAMENTOS NA PROVA FORENSE

No mundo atual, impulsionado pelo avanço constante da tecnologia, os dispositivos eletrônicos desempenham um papel crucial na coleta de evidências em investigações criminais e cibernéticas. Esses dispositivos podem servir como pilares fundamentais para apoiar ou refutar alegações, assim como para desvendar incidentes de segurança em sistemas ou redes locais. No capítulo atual, exploraremos os principais dispositivos e técnicas utilizados em perícias digitais, bem como o processo de perícia em dispositivos móveis, que desempenha um papel essencial na obtenção de informações em investigações modernas.

3.1 Dispositivos-Chave em Perícias Digitais

A perícia digital envolve a utilização de dispositivos e técnicas especializadas para coletar, analisar e preservar evidências digitais. Abaixo, destacamos os dispositivos mais comuns empregados nesse processo:

3.1.1 Disco Rígido do Criminoso ou da Vítima:

O disco rígido de um suspeito ou vítima desempenha um papel crucial na perícia digital. Ele é examinado minuciosamente com o objetivo de:

a. Recuperação de arquivos excluídos: Esta etapa visa recuperar informações que foram intencionalmente apagadas, mas ainda podem conter evidências importantes.

b. Análise de dados armazenados: Documentos, imagens e vídeos são analisados em busca de informações que possam esclarecer o caso em questão.

c. Identificação de atividades suspeitas: O histórico de navegação, e-mails e mensagens são escrutinados para identificar qualquer comportamento suspeito que possa estar relacionado ao crime investigado.

3.1.2 Artefatos do Sistema Operacional e Arquivos Especiais:

Os sistemas operacionais e seus arquivos especiais são fontes valiosas de evidências, com foco em:

a. Análise de registros de eventos do sistema: Logs de eventos são examinados para identificar qualquer atividade incomum ou anômala que possa ser relevante para a investigação.

b. Recuperação de senhas e chaves de criptografia:

Técnicas forenses são empregadas para recuperar senhas e chaves de criptografia, possibilitando o acesso a informações protegidas.

c. Identificação de malware ou software malicioso: Verifica-se a presença de malware ou softwares maliciosos que possam ter sido utilizados para cometer o crime.

3.1.3 Tráfego de Rede:

O tráfego de rede é uma fonte valiosa de informações, com foco em:

a. Monitoramento do tráfego de rede: A análise do tráfego permite identificar atividades suspeitas, como tentativas de invasão ou vazamento de dados.

b. Análise de pacotes de rede: Os pacotes de rede são examinados para determinar a origem e o destino das comunicações, auxiliando na reconstrução de eventos.

3.1.4 Memória do Computador:

A memória do computador é explorada em detalhes, visando:

a. Análise da RAM: A memória RAM é investigada para identificar processos em execução, registros de eventos e chaves de criptografia armazenadas na memória.

b. Identificação de malware: Procura-se por vestígios de malware ou software malicioso que podem estar em execução na memória do sistema.

3.1.5 Celulares e Tablets:

Dispositivos móveis desempenham um papel significativo na perícia digital, incluindo:

a. Extração de dados: Mensagens de texto, registros

de chamadas, fotos e aplicativos são extraídos dos dispositivos móveis para análise.

b. Análise de aplicativos de mensagens: Os aplicativos de mensagens são analisados em busca de evidências que possam esclarecer comunicações suspeitas.

3.1.6   Armazenamento na Nuvem:

A nuvem é uma fonte cada vez mais importante de evidências, com foco em:

a. Acesso e análise de dados: Os dados armazenados em serviços de nuvem, como Google Drive e Dropbox, são acessados e examinados.

Verificação de logs: Logs de acesso e alterações nos serviços de nuvem são verificados para rastrear atividades relevantes.

3.1.7   Armazenamento Compartilhado:

Os servidores de arquivos compartilhados são investigados, visando:

a. Análise de servidores de arquivos compartilhados: Identifica-se quem acessou, modificou ou excluiu arquivos relevantes, fornecendo pistas importantes.

3.1.8   Dispositivos de Rede:

A infraestrutura de rede é examinada em detalhes, com foco em:

a. Análise de dispositivos de rede: Configurações e registros de atividades de dispositivos de rede, como roteadores e firewalls, são avaliados.

3.1.9   Logs dos Dispositivos e Sistemas Operacionais:

Logs de sistemas operacionais, servidores e dispositivos, incluindo câmeras de segurança, são investigados com o objetivo de:

a. Exame de logs: Os logs registram ações realizadas por usuários ou sistemas, fornecendo um registro de eventos que pode ser crucial para a investigação.

b. Exame de logs de dispositivos, como câmeras de segurança, para identificar eventos relevantes, como invasões ou acessos não autorizados.

3.1.10 Dispositivos GPS:

Dispositivos GPS são explorados para:

a. Extração de dados de GPS: Dados de localização são extraídos para rastrear movimentos de pessoas ou veículos.

b. Análise de registros de localização: Registros de localização são analisados para determinar a presença em locais de interesse em investigações.

3.2   FERRAMENTAS DE PERÍCIA DIGITAL

3.2.1   Softwares

a) **Autopsy:**

É a principal plataforma forense de código aberto, rápida, fácil de usar e capaz de analisar todos os tipos de dispositivos móveis e mídia digital. O Autopsy evolui para atender às necessidades de centenas de milhares de profissionais em aplicação da lei, segurança nacional, apoio a litígios e investigação corporativa.

b) **X-Ways Forensics:**

O X-Ways Forensics é um ambiente de trabalho avançado para examinadores forenses de computador. É capaz de encontrar arquivos excluídos e resultados de pesquisa, e oferece muitos recursos que outros não têm.

É potencialmente mais confiável, tem uma fração do custo e não tem nenhum hardware complexo ou requisitos de banco de dados.

O X-Ways Forensics é totalmente portátil e funciona a partir de um Pendrive em qualquer sistema Windows.

c) **Registry Recon:**

Registry Recon, desenvolvido pelo Arsenal Recon, é uma poderosa ferramenta de computação forense usada para extrair, recuperar e analisar dados de registro de sistemas Windows.

O nome do produto vem da palavra francesa reconhecimento, o conceito militar de sondar territórios hostis em busca de informações táticas.

d) **Cellebrite Inspector:**

Análise dos volumes e da memória de dados de computadores com Windows e Mac para esclarecer as ações do usuário.

e) **Oxygen Forensic® Detective:**

Pode encontrar e extrair uma vasta gama de artefatos, arquivos de sistema e credenciais de máquinas Windows, macOS e Linux.

f) **Sleuth Kit©:**

É uma ferramenta baseada em UNIX e Windows que ajuda na análise forense de computadores.

É uma coleção de ferramentas de linha de comando e uma biblioteca C que permite analisar imagens de disco e recuperar arquivos delas. Contudo é usado em autópsia e realiza análises aprofundadas de sistemas de arquivos.

g) **EnCase©:** É o padrão ouro em segurança forense. O EnCase é um sistema integrado de análise forense baseado no ambiente Windows. Muito utilizado por oficiais da lei e profissionais da segurança de computadores em todo o mundo.

3.2.2   Hardwares

Como os sistemas operacionais tradicionais (Windows, Linux e macOS) não são considerados apropriados por muitos profissionais da área para a prática forense ao acessar uma unidade de armazenamento (uma vez que ele rotineiramente altera os dados e escreve no disco rígido sempre que é acessado) foi preciso ir atrás de outras soluções. Para isso, existem equipamentos denominados "Write Blockers". Seu papel é acessar, copiar e criar clones de discos rígidos e armazenamentos sem alterar nenhum registro no sistema de arquivos. Algumas ferramentas são: A) **Controlador de disco forense:**

É um bloqueador de gravação portátil que permite a aquisição forense de unidades SATA e IDE. É um tipo de computador/controlador de disco feito com o objetivo de obter acesso somente leitura ao computador discos rígidos sem o risco de danificar o conteúdo da unidade. B) **Gerador de imagens de disco forense:**

São dispositivos que além de ter acesso de leitura, são capazes de gerar imagens (cópias) perfeitas do disco, com a intenção de analisar o conteúdo sem depender diretamente do disco. A principal diferença entre usar esse dispositivo e um software é que ele garante a integridade do disco de maneira mais profunda que um software de clonagem. C) **Extrator de dados:**

São minicomputadores dedicados para a extração de dados. Seu uso mais comum é em dispositivos móveis (smartphones e tablets).

3.3   O PROCESSO DE PERÍCIA EM DISPOSITIVOS MÓVEIS

A perícia em dispositivos móveis é uma vertente especializada da perícia digital, focada na obtenção de evidências presentes em smartphones, tablets e outros dispositivos portáteis. O processo envolve várias etapas críticas:

1) Coleta de Evidências:

O dispositivo móvel é apreendido durante uma investigação, e medidas de preservação são aplicadas para evitar adulterações.

2) Preservação de Evidências:

É fundamental garantir a integridade das evidências digitais. Uma cópia forense do dispositivo, chamada de "imagem forense", é criada para preservar o conteúdo, incluindo sistemas de arquivos e dados.

3) Análise de Imagem Forense

Um perito forense digital analisa a imagem forense em um ambiente controlado e seguro. As evidências de atividades suspeitas, mensagens, registros de chamadas e aplicativos são examinadas, além de procurar por algum malware ou software malicioso no dispositivo.

4) Recuperação de Dados

Técnicas avançadas podem ser empregadas para recuperar dados excluídos ou protegidos por senha (tentativas de quebras de criptografia).

5) Documentação e Relatório

Cada etapa é documentada cuidadosamente, e um relatório forense detalhado é produzido, descrevendo descobertas e conclusões.

6) Apresentação das Evidências

As evidências obtidas podem ser usadas em processos judiciais ou para apoiar investigações, desde que estejam de acordo com os padrões legais.

A perícia digital desempenha um papel vital em investigações modernas, fornecendo insights cruciais por meio da coleta e análise de evidências digitais. A perícia em dispositivos móveis, uma subárea especializada, é particularmente importante, dada a onipresença dos smartphones e tablets. No entanto, independentemente do dispositivo em questão, a perícia digital exige conhecimento técnico avançado, habilidades forenses e o uso de ferramentas especializadas para garantir a integridade e a admissibilidade das evidências em um contexto legal.

Respeitar as leis e regulamentos relacionados à privacidade e ao acesso é essencial para conduzir uma perícia digital eficaz e ética.

4. EXEMPLOS ATUAIS DO TRABALHO DA CIÊNCIA DA COMPUTAÇÃO NA PROVA FORENSE

Nesta seção, exploraremos casos recentes que destacam a aplicação da ciência da computação na prova forense. Esses exemplos ilustram como a expertise em tecnologia da informação desempenha um papel crucial na resolução de crimes e na investigação de evidências digitais.

4.1 CASO DE ATAQUE À EQUIFAX EM 2017

Descrição do Caso: Em 2017, a Equifax, uma das três maiores agências de crédito dos Estados Unidos, sofreu um ataque cibernético devastador. Os invasores exploraram uma vulnerabilidade no software Apache Struts e ganharam acesso não autorizado aos sistemas da Equifax, comprometendo informações pessoais e financeiras de quase 147 milhões de americanos.

Tecnologias e Métodos Utilizados:

- Utilização de ferramentas de análise forense para identificar a origem do ataque.

- Exame detalhado de logs de servidores comprometidos para entender como os invasores se movimentaram na rede.

- Análise de malware para determinar as técnicas e táticas utilizadas pelos criminosos.

Resultados e Impacto:

- Identificação dos responsáveis pelo ataque, que foram posteriormente indiciados pelas autoridades.

- Recuperação parcial dos dados perdidos por meio de esforços de investigação forense.

- Fortalecimento significativo das medidas de segurança cibernética na Equifax e em outras empresas de crédito em todo o setor.

- Este caso destacou a importância crítica da segurança cibernética e a necessidade de empresas protegerem cuidadosamente os dados dos consumidores.

4.2   CASO DO IPHONE DE SAN BERNARDINO EM 2016

Descrição do Caso: Em dezembro de 2015, um ataque terrorista em San Bernardino, Califórnia, resultou em várias mortes. Os perpetradores do ataque eram suspeitos de terem informações relacionadas ao crime em um iPhone 5C que estava em posse de um dos atiradores. No entanto, o dispositivo estava protegido por uma senha e havia o risco de que os dados fossem apagados automaticamente após várias tentativas de senha incorretas.

Tecnologias e Métodos Utilizados:

• Utilização de software de recuperação de dados especializado, que permitiu a criação de cópias dos dados no dispositivo.

• Análise forense da memória NAND do iPhone para recuperar informações apagadas e senhas.

Resultados e Impacto:

• A recuperação de dados permitiu às autoridades acessar informações cruciais relacionadas ao ataque, como contatos, mensagens de texto e registros de chamadas.

• Isso foi fundamental para a investigação e ajudou a esclarecer os detalhes do ataque, bem como a identificação de qualquer cúmplice ou conexões adicionais.

• O caso gerou debates sobre privacidade e segurança de dados, pois levantou questões sobre até que ponto as autoridades devem ter acesso a dispositivos protegidos por senha em investigações criminais.

4.3 CASO WANNACRY DE 2017

Descrição do Caso: Em maio de 2017, o ransomware WannaCry se espalhou rapidamente pelo mundo, infectando computadores e sistemas em mais de 150 países. Este ataque em larga escala atingiu hospitais, empresas, órgãos governamentais e afetou centenas de milhares de sistemas.

Tecnologias e Métodos Utilizados:

• Isolamento e análise do ransomware WannaCry para entender seu funcionamento e estrutura.

• Rastreamento de transações de criptomoedas, como Bitcoin, que os autores do ransomware exigiram como pagamento do resgate.

Resultados e Impacto:

• Identificação dos responsáveis pelo ransomware WannaCry, que foram posteriormente vinculados a um grupo de hackers norte-coreano conhecido como Lazarus.

• Recuperação parcial dos resgates pagos pelas vítimas, graças ao rastreamento das transações de criptomoedas.

• Conscientização global sobre a importância da segurança cibernética e a necessidade de atualizações regulares de software para proteção contraataques de ransomware.

• Reforço significativo das medidas de segurança cibernética em empresas e instituições governamentais em todo o mundo.

4.4   CASO DE ATAQUE DDOS À DYN EM 2016

Descrição do Caso: Em outubro de 2016, um ataque de negação de serviço distribuído (DDoS) maciço interrompeu o acesso a vários sites populares, incluindo Twitter, Reddit e Netflix. O ataque tinha como alvo a empresa Dyn, um provedor de serviços de DNS (Domain Name System) que é fundamental para direcionar o tráfego da Internet.

Tecnologias e Métodos Utilizados:

- Análise de registros de tráfego de rede da Dyn para entender a natureza do ataque.

- Identificação de atividades suspeitas por meio de análise comportamental dos pacotes de dados.

Resultados e Impacto:

- Identificação dos vetores de ataque e sua origem geográfica.

- Descoberta de que o ataque foi realizado usando um grande número de dispositivos IoT (Internet of Things) comprometidos.

- Implementação de medidas de segurança mais rigorosas em empresas de tecnologia para prevenir futuros ataques DDoS semelhantes.

5.   FORENSE COMPUTACIONAL

Com o avanço das tecnologias, a computação passou por diversas evoluções, nas quais trouxeram grandes benefícios, como a comunicação à distância e o fácil acesso à informação. Entretanto, essas inovações contribuíram para a transformação dos crimes cometidos no ambiente virtual, o que por sua vez, exigiu que a legislação brasileira buscasse penalizar os cibercrimes e buscar evitar a ocorrência de novos casos.

Por conta do mundo digital ser conectado diretamente com as atividades diárias do ser humano, há desafios para manter a integridade de suas informações e pessoas má intencionadas se aproveitam de fragilidades em sistemas para cometer crimes virtuais como cyberstalking, invasão de dispositivos pessoais e vazamento de dados. Com isso, se tornou indispensável a criação de leis, nas quais pune os criminosos diante de atividades virtuais ilícitas e conscientize os usuários sobre os seus direitos diante de suas informações pessoais e quais cuidados devem tomar ao utilizá-las na internet.

Nesse cenário de proteção de dados e investigações em equipamentos computacionais, o perito juntamente com a Computação Forense é indispensável para a obtenção de provas e análise de informações para validar as leis que os rodeiam.

5.1   CONCEITO

A Forense Computacional é a ciência que estuda a obtenção, preservação, recuperação e análise de dados disponíveis em aparelhos eletrônicos. Ela surgiu com o objetivo de suprir as necessidades das instituições legais sobre a manipulação das novas formas de evidências eletrônicas, além de indicar onde a segurança deve ser reforçada dentro dos sistemas, conscientizando os usuários da internet e auxiliando na penalização de infratores.

O principal personagem nessa área é o perito, que atua diretamente com equipamentos para recuperar esses dados e analisá-los minuciosamente para auxiliar na investigação.

5.2 A LEGISLAÇÃO BRASILEIRA NA FORENSE COMPUTACIONAL

Por conta de a área trabalhar com informações sensíveis de forma detalhada, os resultados das análises forense podem afetar outras investigações de maneira grave. No Brasil, não há normas específicas que regem a forense computacional, entretanto, ela se auxilia de leis já existentes que abrangem os tipos de perícia e possibilitam os profissionais atuarem de forma legal nas suas investigações.

No caso do perito, durante as investigações, ele deve seguir exatamente as normas contidas no Código de Processo Penal, dentre elas destacam-se duas para demonstrar a abordagem computacional, o Art. 170 e o Art. 171.

O Art.170 afirma que nas perícias de laboratório os peritos guardarão material suficiente para a eventualidade de nova perícia. Sempre que conveniente, os laudos serão ilustrados com provas fotográficas ou microfotografias, desenhos ou esquemas. Já o Art.171 relata que nos crimes cometidos com destruição ou rompimento de obstáculo à subtração da coisa, ou por meio de escalada, os peritos, além de descrever os vestígios, indicarão com que instrumentos, porque meios e em que época presumem ter sido o fato praticado.

Após as investigações, o perito deve documentar quais ferramentas de software foram utilizadas para fazer a análise e registrar uma possível linha de tempo dos processos.

Com isso, podemos refletir que tais ações do perito vão de encontro com o descrito na Lei Geral de Proteção de Dados (LGPD) e a invasão de privacidade. Contudo, é importante ressaltar que sob o ponto de vista criminal, a lei não aborda sobre o tema.

5.3   LGPD

A Lei Geral de Proteção de Dados (Lei n.º 13.709/2018) possui o objetivo de conscientizar e padronizar toda e qualquer atividade que envolva o uso e compartilhamento de dados sensíveis, sendo o tratamento destes dados, inclusive nos meios digitais, "por pessoa natural ou jurídica de direito público ou privado, com o objetivo de proteger os direitos fundamentais de liberdade e de privacidade e o livre desenvolvimento da personalidade da pessoa natural", é o que afirma o artigo 1° da lei. Ela foi a primeira legislação sobre a proteção de dados no Brasil.

A LGPD diante de investigações criminais, ainda não possui de fato algo estabelecido ou que imponha limites na sua execução. No artigo 4°, ela impede expressamente o tratamento de dados pessoais nos casos de segurança pública, defesa nacional, segurança do Estado ou atividades de investigação e repressão de infrações penais. Pelo fato desse material ser um tema sensível, com envolvimento de agentes públicos e a transferência de informações delicadas, o que é essencial na prevenção e repressão de crimes pelo Estado Brasileiro.

Para um atendimento do mandamento legal do artigo 4º, se fez necessário a criação de um Anteprojeto de Lei sobre a proteção de dados. Este anteprojeto possui o objetivo de regular de forma mais eficaz o tratamento de dados no âmbito de segurança pública e a suas atividades.

Um exemplo da presença do LGPD nos meios de investigação criminal juntamente com outras leis, é o caso da investigação em empresas acusadas de corrupção. A Lei Anticorrupção afirma que a empresa deve colaborar legalmente para as investigações em suas instalações e sistemas. No artigo 7º afirma que a Lei Anticorrupção indica quais serão os pontos de análise para aplicação de eventual sanção. "A cooperação da pessoa jurídica para a apuração das infrações" e "a existência de mecanismo e procedimentos internos de integridade, auditoria e incentivo à denúncia de irregularidades e a aplicação efetiva de códigos de ética e de conduta no âmbito da pessoa jurídica" são dois deles.

Em 2019, foi elaborada a Lei "LGPD Penal" por meio de uma comissão de Juristas instituída por ato do Presidente da Câmara dos Deputados. O principal objetivo e maior desafio é encontrar o equilíbrio entre a privacidade e a persecução penal, ou seja, é garantir às autoridades e aos órgãos de controle estatal o que for necessário para o uso e compartilhamento de dados pessoais no âmbito de suas atividades de investigação criminal e segurança pública e de outro, proteger o cidadão do uso desenfreado, clandestino e sem controle de seus dados pessoais.

5.4   PADRONIZAÇÃO NA AQUISIÇÃO DE EVIDÊNCIAS

Um fator importante em relação a ausência de padrão das investigações na forense computacional é a aplicação de métodos de pesquisa ser diferente para cada caso. Um exemplo é a análise de DNA recolhido em uma amostra de sangue, o protocolo para a análise do material genético pode ser o mesmo efetuado em todas as amostras de DNA, ou seja, elimina-se as impurezas e reduz a sua forma elementar. Em ambiente computacional, isso não acontece, o mesmo procedimento não pode ser executado para todos os casos, pois existem sistemas operacionais diferentes, com diferentes hardwares e diversas aplicações que surgem todos os dias que dificultam a padronização dos processos.

Atualmente, existem entidades internacionais que padronizam a troca de informações entre as investigações criminais. Uma das principais entidades é o IOCE (Internacional Organization on Computer Evidence), ela foi estabelecida em 1995 com o objetivo de facilitar e padronizar a troca de informações entre agências internacionais, sobre a investigação de crimes envolvendo computadores ou outros assuntos forenses sobre o mundo eletrônico.

No Brasil, não há padronização, nem projetos em andamento, existem somente alguns trabalhos realizados a pedido da Polícia Federal para direcionar o público leigo no assunto, como os promotores e juízes federais, para os ajudar diante os processos das investigações. Algumas instituições brasileiras possuem interesse em realizar a padronização, como a NBSO (Network Information Center

(NIC) - Brazilian Security Office) que atua na coordenação e promoção de ações para sites envolvidos em incidentes de segurança e o CAIS (Centro de Atendimento a Incidentes de Segurança) que possui a missão de registrar os problemas de segurança e auxiliar a identificação de invasões e reparo de danos causados por invasores.

6. CONCLUSÃO

Diante do exposto, é notório a extrema importância do perito diante do Forense Computacional, sendo ele o ator principal desse ramo. Além disso, observamos a gama de softwares e ferramentas que auxiliam na investigação criminal e como os processos são minuciosamente detalhados que acabam por esbarrar em leis para a sua aplicação e demonstrar a carência de uma padronização. Com isso, é possível observar a necessidade da existência de políticas que estabelecem a manipulação das evidências computacionais, criando um padrão através de políticas, protocolos e procedimentos, para assim refletir os objetivos da comunidade científica e promover resultados válidos e investigações assertivas.

7. REFERÊNCIAS

A CADEIA de custódia no processo penal: do Pacote Anticrime à jurisprudência do STJ. Superior Tribunal de Justiça, 2023. Disponível em: <https://www.stj.jus.br/sites/portalp/Paginas/Comunicacao / Noticias/2023/23042023A-cadeia-de-custodia-no-processo-penal-do-Pacote-Anticrime-a-jurisprudencia-doSTJ.aspx>. Acesso em: 11 set. 2023.

A LEGISLAÇÃO brasileira na Forense Digital. Academia de

Forense Digital, 2023. Disponível em: <https://academiadeforensedigital.com.br/a-legislacao-brasileira-naforensedigital/#:~:text=A%20Lei%2014.155%2F2021%2C%20al%C3%A9m,violar%20um%20mecanismo%20de%20seguran%C3%Áa>. Acesso em: 09 set. 2023.

A SIMPLIFIED Guide To Digital Evidence. Forensic Science Simplified, 2013. Disponível em: <https://www.forensicsciencesimplified.org/digital/how.html>. Acesso em: 09 set. 2023.

ADIL, Josué. COMPUTAÇÃO Forense. Acaditi, 2022. Disponível em: <https://acaditi.com.br/computacao-forense/>. Acesso em: 09 set. 2023.

ASHCROFT, John. ELECTRONIC Crime Scene Investigation: A Guide for Law

Enforcement. U.S. Department of Justice, 2001. Disponível em:

<https://www.ojp.gov/pdffiles1/nij/187736.pdf>. Acesso em: 09 set. 2023.

BERETTA, Pedro. LGPD e o tratamento de dados em Direito Penal. Análise Editorial, 2021. Disponível em: <https://analise.com/opiniao/lgpd-e-o-tratamento-dedados-em-direito-penal>. Acesso em: 09 set. 2023.

CONHEÇA a profissão perito criminal e veja onde estudar. Guia da Carreira, 2023. Disponível em: <https://www.guiadacarreira.com.br/blog/perito-criminal>. Acesso em: 11 set. 2023.

DONOHUE, Brian. HASH: o que são e como funcionam. Kaspersky, 2014. Disponível em: <https://www.kaspersky.com.br/blog/hash-o-que-sao-e-como-funcionam/2773/>. Acesso em: 11 set. 2023.

HORENBEECK, Maarten Van. TECHNOLOGY Crime Investigation. Daemon, 2006. Disponível em: <https://www.daemon.be/maarten/forensics.html>. Acesso em: 09 set. 2023.

KMBH. DIGITAL Evidence Collection in Cybersecurity. GEEKS FOR GEEKS, 2022. Disponível em: <https://www.geeksforgeeks.org/digital-evidence-collection-incybersecurity/>. Acesso em: 09 set. 2023.

PEREIRA, Georgia Lise; BEINOTTI, Amanda Zeni. AS INVESTIGAÇÕES corporativas e a proteção de dados pessoais. Consultor Jurídico, 2021. Disponível em: <https://www.conjur.com.br/2021-abr-10/opiniao-investigacoes-corporativasprotecao-dados>. Acesso em: 09 set. 2023.

VESTÍGIO, indício, evidência e prova: entenda. Criminalista BH, 2021. Disponível em: <https://criminalistabh.com.br/vestigio/>. Acesso em: 11 set. 2023

LEI DE STALKING

Athirson Sá dos Santos
Luís Gustavo Barbosa da Rocha
Zedekias Coelho Nobrega

1. INTRODUÇÃO

A Lei de Stalking, também conhecida como lei de assédio obsessivo, representa um marco importante na proteção das vítimas de um tipo de crime que, por muito tempo, permaneceu nas sombras da legislação criminal. O stalking(do Inglês perseguição), caracterizado pela perseguição persistente, assédio repetido e intrusão indesejada na vida de uma pessoa, tem causado sérios danos psicológicos, emocionais e físicos em suas vítimas, deixando cicatrizes profundas e duradouras.

Nos últimos anos, a crescente conscientização sobre os efeitos devastadores do stalking levou muitos países a promulgar leis específicas para enfrentar esse problema. Neste trabalho, exploraremos em detalhes a Lei de assédio obsessivo analisando seu escopo, origens históricas, princípios subjacentes e eficácia na proteção das vítimas.

Este estudo visa não apenas fornecer uma visão abrangente sobre a Lei de Stalking, mas também destacar a importância de reconhecer e combater o stalking como um sério problema social. À medida que examinamos as disposições legais e as estratégias de aplicação, também consideraremos como a sociedade pode se envolver na prevenção e no apoio às vítimas.

2. LEI DE STALKING

O conceito de stalking surgiu nos Estados Unidos após o assassinato da atriz Rebecca Schaeffer, na Califórnia, no ano de 1989, o que culminou com a edição de leis antistalking em diversos estados norte-americanos e no mundo.

Atualmente diversos países já tipificam o fenômeno do stalking como crime autônomo. Em Portugal, por exemplo, foi introduzido, recentemente, o artigo 154-A ao Código Penal Português, criminalizando o stalking de forma autônoma.

Artigo 154.º-A. Perseguição

1 - Quem, de modo reiterado, perseguir ou assediar outra pessoa, por qualquer meio, direta ou indiretamente, de forma adequada a provocar-lhe medo ou inquietação ou a prejudicar a sua liberdade de determinação, é punido com pena de prisão até 3 anos ou pena de multa, se pena mais grave não lhe couber por força de outra disposição legal.

2 - A tentativa é punível.

3 - Nos casos previstos no n.º 1, podem ser aplicadas ao arguido as penas acessórias de proibição de contacto com a vítima pelo período de 6 meses a 3 anos e de obrigação de frequência de programas específicos de prevenção de

condutas típicas da perseguição.

4 - A pena acessória de proibição de contacto com a vítima deve incluir o afastamento da residência ou do local de trabalho desta e o seu cumprimento deve ser fiscalizado por meios técnicos de controlo à distância.

5 - O procedimento criminal depende de queixa

2.1 CRIAÇÃO E CONTEXTO HISTÓRICO:

No Brasil o contexto para a criação dessa lei envolveu uma crescente preocupação com a ocorrência de casos de perseguição obsessiva e ameaçadora, principalmente em ambientes online. Com o avanço da tecnologia e o uso generalizado de dispositivos eletrônicos e redes sociais, tornou-se mais fácil para os indivíduos perseguirem e ameaçarem outros de maneira constante e invasiva.

A Lei 14.132/21 inseriu no Código Penal o art. 147-A, denominado "crime de perseguição":

> Art. 147-A. Perseguir alguém, reiteradamente e por qualquer meio, ameaçando-lhe a integridade física ou psicológica, restringindo-lhe a capacidade de locomoção ou, de qualquer forma, invadindo ou perturbando sua esfera de liberdade ou privacidade.
>
> Pena – reclusão, de 6 (seis) meses a 2 (dois) anos, e multa.
>
> § 1º A pena é aumentada de metade se o crime é cometido:
>
> I - Contra criança, adolescente ou idoso;
>
> II - Contra mulher por razões da

condição de sexo feminino, nos termos do § 2º-A do art. 121 deste Código;

III - mediante concurso de 2 (duas) ou mais pessoas ou com o emprego de arma.

§ 2º As penas deste artigo são aplicáveis sem prejuízo das correspondentes à violência.

§ 3º Somente se procede mediante representação.

3. CLASSIFICAÇÃO DE STALKING

Ao explorar a complexidade do stalking, é crucial compreender que esse comportamento intrusivo e obsessivo pode se manifestar de diversas maneiras, e suas características variam amplamente. Para uma análise mais aprofundada e eficaz, as ações de stalkers são frequentemente categorizadas em diferentes tipos, com base em seus padrões de comportamento, motivações e métodos.

3.1 CONCEITO DE CRIMES AUTÔNOMOS

O stalking pode ser classificado como um crime autônomo. Um crime autônomo é aquele que tem conexão com o fundamental ou básico, mas descreve um crime independente com elementares próprios, caracterizando como aquele que possui todos as características do principal.

Artigo 288 do Decreto Lei nº 2.848 de 07 de Dezembro de 1940

Art. 288. Associarem-se 3 (três) ou mais pessoas, para o fim específico de cometer crimes: (Redação dada pela Lei nº 12.850, de 2013) (Vigência)

Pena - reclusão, de 1 (um) a 3 (três) anos. (Redação dada pela Lei nº 12.850, de 2013) (Vigência)

Parágrafo único. A pena aumenta-se até a metade se a associação é armada ou se houver a participação de criança ou adolescente. (Redação dada pela Lei nº 12.850, de 2013) (Vigência)

Constituição de milícia privada (Incluído dada pela Lei nº 12.720, de 2012)

Art. 288-A. Constituir, organizar, integrar, manter ou custear organização paramilitar, milícia particular, grupo ou esquadrão com a finalidade de praticar qualquer dos crimes previstos neste Código: (Incluído dada pela Lei nº 12.720, de 2012)

Pena - reclusão, de 4 (quatro) a 8 (oito) anos. (Incluído dada pela Lei nº 12.720, de 2012)

Também pode ser considerado um crime de gênero. A imensa maioria das vítimas de assédio persistente são mulheres. o assédio persistente predomina no contexto de uma prévia relação de intimidade entre autor e vítima, sendo mais comum o stalking pós ruptura (ou seja, pós término de um relacionamento amoroso).

Com isso não queremos dizer que não existe a figura da perseguição entre desconhecidos.

3.2   CONDUTA

• Sujeitos do Crime: O crime é comum, não se exigindo do sujeito ativo qualquer característica especial. Tampouco há restrições a respeito do sujeito passivo.

• Conduta: O crime consiste em perseguir alguém, reiteradamente e por qualquer meio, ameaçando-lhe a integridade física ou psicológica, restringindo-lhe a capacidade de locomoção ou, de qualquer forma, invadindo ou perturbando sua esfera de liberdade ou privacidade.

• O verbo perseguir não tem apenas a conotação de ir freneticamente no encalço de alguém. Há também um sentido de importunar, transtornar, provocar incômodo e tormento, inclusive com violência ou ameaça.

No Brasil, o tipo penal é estruturado com uma ação nuclear (Consubstancia-se no verbo constranger, isto é, coagir alguém a fazer ou a deixar de fazer algo, que, por lei, não está obrigado), que pode atingir a vítima de três formas:

• Ameaçando a integridade física ou psicológica;

• Restringindo a capacidade de locomoção;

• Invadindo ou perturbando a esfera de liberdade ou privacidade.

Trata-se, ademais, de crime habitual, tendo em vista que o tipo penal é expresso sobre a necessidade de a perseguição ser praticada reiteradamente. Apenas um ato importuno, ainda que restrinja momentaneamente a capacidade de locomoção ou invada a privacidade de alguém, não caracteriza este crime, embora seja possível que a conduta se adéque a outro tipo penal, como a da ameaça, por exemplo. A habitualidade não foi inserida no tipo por acaso. Decorre das próprias características do stalking, que consiste em perseguição obstinada, incansável, capaz de desestabilizar a rotina da vítima.

Os 3 Requisitos para definir o Stalking:

• Comportamento doloso e habitual, composto necessariamente por mais de um ato de perseguição ou assédio à mesma vítima;

• O motivo do autor para praticar a conduta é um interesse pessoal, como admiração, crença, interesse relacional ou vingança;

• A vítima, por conta da repetição, deve se sentir incomodada em sua privacidade e/ou temerosa por sua segurança.

3.3 CYBERSTALKING

Dentre os meios possíveis de cometer o crime está o cyberstalking. O crime consiste em perseguir alguém através de meios de comunicação, buscando alguma vantagem. Por exemplo, um agente criminoso cria um perfil falso em uma rede social e constantemente entra em contato, importuna e busca alguma vantagem indevida da vítima.

Atualmente, o cyberstalking é um problema crescente, facilitado pela imensa quantidade de pessoas que mantêm perfis em diversas redes sociais, nas quais publicam, sem cautela, imagens e informações de sua vida pessoal.

Os instrumentos tecnológicos não apenas favorecem a perseguição por quem conhece a vítima e, agora, tem mais um meio à sua disposição, mas também tornam mais propícia a atuação do stalker aleatório, que, por acaso, se interessa obsessivamente por alguém com perfil exposto em rede social e passa a se valer desse meio para perseguir e atemorizar.

Muitas vezes, as informações obtidas apenas em ambientes virtuais permitem que os atos do perseguidor tenham tanta eficácia quanto teriam se fossem presenciais.

4.   PENALIDADE

Ao abordar o crime de perseguição não podemos deixar de considerar as implicações legais e as penalidades associadas a esse comportamento intrusivo e prejudicial. A penalidade para o crime de stalking varia de acordo com a jurisdição e a gravidade do caso, mas todas têm em comum o objetivo de punir os agressores e proteger as vítimas. Nesta seção, examinaremos as diferentes penalidades que podem ser aplicadas aos stalkers, desde medidas cautelares até prisões.

4.1   VOLUNTARIEDADE (DOLO)

O crime só pode ser cometido com dolo. O dolo é a consciência e a vontade dirigida para a realização da conduta definida como crime.

Embora seja comum que os atos de perseguição tenham o propósito de alterar o estado de ânimo da vítima, de lhe provocar medo e de limitar sua liberdade, o tipo não pressupõe nenhuma finalidade específica.

Consumação e Tentativa: Tratando-se de crime habitual, consuma-se com a reiteração dos atos de perseguição. Crimes habituais, são aqueles que se caracterizam pela repetição de um determinado comportamento criminoso por parte do infrator. Dessa forma, esses crimes são praticados de forma contínua e repetida, o que pode tornar o criminoso um hábito.

4.2   AGRAVANTES

Como mencionado anteriormente a Pena é de reclusão de 6 meses a 2 anos, e multa.

Majorantes: O § 1º aumenta a pena de metade se o crime é cometido:

contra criança, adolescente ou idoso: a definição de criança e de adolescente é obtida no art. 2º da Lei 8.069/90: considera-se criança a pessoa com até doze anos incompletos, e adolescente quem tem entre doze e dezoito anos de idade. É idoso quem tem idade igual ou superior a sessenta anos (art. 1º da Lei 10.741/03); contra mulher por razões da condição de sexo feminino, nos termos do § 2º-A do art. 121: o § 2º-A do art. 121 dispõe que, para os efeitos do feminicídio, considerase que há razões de condição de sexo feminino quando o crime envolve violência doméstica ou familiar ou menosprezo ou discriminação à condição de mulher;

mediante concurso de 2 (duas) ou mais pessoas

ou com o emprego de arma: a nosso ver, insere-se na majorante o emprego de armas brancas e de armas de fogo. O emprego da arma de fogo, tendo o agente porte, caracteriza a majorante.

Concurso de Crimes: O § 2º dispõe que as penas são aplicáveis sem prejuízo das correspondentes à violência. Embora o caput do art. 147-A não contenha nenhuma menção à violência, nada impede que o perseguidor lance mão desse meio para provocar uma intimidação mais intensa. Nesse caso, devem ser aplicadas também as penas relativas à violência.

4.3 AÇÃO PENAL

Nos termos do § 3º "Somente se procede mediante representação" do art. 147-A, a ação penal é pública condicionada a representação do ofendido. A regra se aplica inclusive nos casos em que incidem as disposições da Lei Maria da Penha, no qual é necessário entrar com manifestação no prazo certo para garantia de direito.

A necessidade de representação possibilita a extinção da punibilidade uma vez que esgotado o prazo de decadência de manifestação da vítima ou de seu representante legal. Para os casos de continuidade normativo-típica em relação à contravenção revogada, a regra do § 3º deve ser analisada sob a perspectiva da aplicação da lei no tempo.

Se a denúncia já foi ofertada, trata-se de ato jurídico perfeito (ato validamente realizado segundo a lei vigente ao tempo), não alcançado pela mudança. Assim como defendemos no estelionato quando a Lei 13.964/19 modificou a natureza de sua ação penal, aqui também não nos parece correto sustentar que a vítima deve ser chamada para manifestar seu interesse em ver prosseguir o processo já instaurado, pois a representação é condição de procedibilidade, e não condição de prosseguibilidade. A lei que instituiu o art. 147-A não exigiu essa manifestação posterior;

Se a denúncia ainda não foi oferecida, deve o MP aguardar a oportuna representação da vítima ou o decurso do prazo decadencial, cujo termo inicial, para os fatos pretéritos, é o da vigência da nova lei. Esta é a orientação que vem sendo adotada, no estelionato, pelas duas Turmas criminais do STJ e pela 1ª Turma do STF.

5. CONCLUSÃO

A Lei de Stalking, desempenha um papel fundamental na proteção dos direitos e na garantia da segurança das pessoas em um mundo cada vez mais digital e interconectado. A de assédio obsessivo representa um passo significativo em direção à construção de comunidades mais seguras e ao combate ao assédio obsessivo. Ao entendermos suas nuances e desafios, podemos trabalhar coletivamente para promover a justiça e o bem-estar das vítimas, buscando um futuro em que ninguém precise viver com medo constante e ansiedade devido ao stalking.

Aqui estão alguns pontos que destacam a importância desta Lei:

- Promoção da Segurança Online;
- Conscientização Pública;

- Enfrentamento de Crimes Digitais;
- Proteção das Vítimas;
- Responsabilização dos Perseguidores;
- Amparo Legal às Autoridades.

6.   REFERENCIAS

Artigo 154.º-A do Código Penal Português. art. 147-A, Direito Penal, Lei 14132/21, Perseguição Stalking Art. 288 do Código Penal. Crime Autônomo. https://canalcienciascriminais.com.br/stalking-crimeautonomo/#:~:text=O%20conceito%20de%20stalking%20surgiu,do%20stalking%20como%20crime%20autônomo.

https://www.aen.pr.gov.br/Noticia/Lei-contra-stalking-completa-um-ano-ereforca-protecao-daprivacidade#:~:text=A%20lei%20nº%2014.132%2F2021,de%20Castro%2C%2   0nos%20Campos%20Gerais.

https://meusitejuridico.editorajuspodivm.com.br/2021/04/01/lei-14-13221insere-no-codigo-penal-o-art-147-para-tipificar-o-crime-de-perseguicao/   https://www.tjdft.jus.br/institucional/imprensa/campanhas-e-produtos/direitofacil/edicao-semanal/stalking-1

LEI DO E-COMMERCE - (DECRETO Nº 7.962/2013)

Christiano de Oliveira Bezerra – coordenador
Charlison Miranda Macêdo – relator

---

1. O QUE É O E-COMMERCE?

O E-commerce, ou comércio eletrônico, refere-se à compra e venda de produtos e serviços por meio da internet. Nesse modelo de negócios, as transações ocorrem virtualmente, sem a necessidade de interações presenciais. O E-commerce engloba uma ampla gama de atividades, desde lojas online de varejo até plataformas de serviços, como reservas de hotéis e ingressos para eventos. Ele revolucionou a forma como as pessoas fazem compras e as empresas conduzem seus negócios, oferecendo conveniência, acessibilidade global e diversas opções aos consumidores.

O comércio eletrônico, também conhecido como e-commerce, revolucionou a forma como as pessoas compram e vendem produtos e serviços. O crescimento constante da tecnologia e a expansão da internet abriram portas para um mercado global de comércio online. Neste estudo, examinaremos em detalhes os benefícios do e-commerce, focando na flexibilidade, conveniência, diversidade e redução de gastos.

1.1   FLEXIBILIDADE

O e-commerce oferece uma ampla gama de benefícios relacionados à flexibilidade. Os principais pontos incluem:

Horário de Funcionamento 24/7

Diferente das lojas físicas, as lojas online estão abertas o tempo todo. Isso proporciona aos consumidores a liberdade de fazer compras em horários convenientes para eles, independentemente da localização geográfica.

Acesso Global

Os negócios online têm a capacidade de alcançar um público global sem as restrições geográficas das lojas físicas. Isso não só expande o alcance, mas também possibilita a personalização da experiência do cliente com base em diferentes localidades.

Flexibilidade de Estoque

Lojas online podem manter estoques menores e ainda assim oferecer uma ampla variedade de produtos. Isso permite uma maior agilidade na adaptação às demandas do mercado e evita custos excessivos associados ao armazenamento de grandes quantidades de estoque.

1.2   CONVENIÊNCIA

A conveniência é um dos principais atrativos do e-commerce para os consumidores:

Compras a Qualquer Momento

Os clientes podem fazer compras a qualquer hora do dia, eliminando a necessidade de se deslocar até uma loja física e se adequando aos seus horários ocupados.

Sem Restrições Geográficas

A conveniência de comprar produtos de qualquer lugar do mundo sem sair de casa é um dos aspectos mais atrativos do e-commerce.

Comparação Fácil de Preços e Produtos

Plataformas online permitem aos consumidores comparar preços e produtos de várias fontes em questão de minutos, possibilitando a tomada de decisões mais informadas.

1.3   DIVERSIDADE

A diversidade de produtos e escolhas disponíveis no e-commerce é um fator significativo:

Variedade de Opções

Lojas online podem oferecer uma ampla variedade de produtos, muitos dos quais podem não estar disponíveis em lojas físicas locais.

Acesso a Produtos de Nicho

Os consumidores têm acesso a produtos de nicho que podem não estar facilmente disponíveis em mercados locais, atendendo a interesses específicos.

Agregação de Fornecedores

Plataformas de *marketplace* permitem que vários

vendedores ofereçam produtos em um único local, proporcionando aos consumidores uma escolha ainda maior.

1.4   GASTOS REDUZIDOS

A economia de custos é um dos maiores benefícios percebidos pelas empresas no e-commerce:

Custos Operacionais Mais Baixos

Empresas de e-commerce podem economizar em aluguel de espaço físico, custos de manutenção e pessoal, resultando em margens de lucro potencialmente maiores.

Menos Intermediários

Eliminar intermediários tradicionais na cadeia de suprimentos pode reduzir os custos e permitir que as empresas ofereçam preços mais competitivos.

2.   MARKETING DIRECIONADO

A publicidade online pode ser mais direcionada, atingindo diretamente os consumidores interessados nos produtos, o que otimiza os gastos com marketing.

Estratégias de Marketing no E-Commerce

No cenário competitivo do comércio eletrônico, as estratégias de marketing desempenham um papel crucial para atrair, envolver e converter os consumidores. Neste estudo, vamos explorar em detalhes três estratégias fundamentais de marketing no e-commerce: *Search Engine Optimization* (SEO), e-mail marketing e marketing de conteúdo.

SEO (Search Engine Optimization)

O SEO é uma estratégia fundamental para aumentar a visibilidade e a posição de um site nos resultados dos mecanismos de busca, como o Google. Aqui estão alguns aspectos-chave do SEO no e-commerce:

Palavras-chave Relevantes

Identificar palavras-chave relevantes para os produtos e serviços oferecidos é crucial. Isso ajuda a otimizar o conteúdo do site, incluindo descrições de produtos, meta tags e títulos, para melhorar a classificação nos mecanismos de busca.

Conteúdo de Qualidade

Criar conteúdo de alta qualidade, informativo e relevante é 'importante para atrair tráfego orgânico. Isso inclui blogs, guias de compra e avaliações de produtos, que não apenas atraem os consumidores, mas também melhoram a autoridade do site aos olhos dos motores de busca.

Otimização Técnica

Melhorar a velocidade de carregamento do site, otimizar URLs, criar *sitemaps* e garantir uma boa experiência para dispositivos móveis são elementos técnicos do SEO que influenciam a classificação nos mecanismos de busca.

E-mail Marketing

O e-mail marketing continua sendo uma estratégia eficaz para o ecommerce, permitindo alcançar os clientes de maneira direta e personalizada:

Segmentação de Listas

Dividir a lista de contatos em segmentos com base em interesses, comportamentos e histórico de compras permite enviar mensagens altamente relevantes, aumentando as chances de engajamento.

Personalização

Personalizar os e-mails com o nome do destinatário, recomendações de produtos com base nas compras anteriores e ofertas exclusivas aumenta a probabilidade de conversão.

Marketing de Conteúdo

O marketing de conteúdo envolve a criação e compartilhamento de conteúdo valioso para atrair e engajar os consumidores:

Blogs e Guias

Criar blogs, guias e artigos informativos relacionados aos produtos e interesses dos consumidores estabelece a autoridade da marca e mantém os visitantes envolvidos por mais tempo.

Vídeos e Tutoriais

Vídeos de produtos, tutoriais e análises oferecem uma maneira visual e interativa de apresentar os produtos, tornando a experiência de compra mais envolvente.

Redes Sociais

Compartilhar conteúdo relevante nas redes sociais ajuda a construir uma comunidade em torno da marca, aumentando o alcance e o engajamento.

3.   PLATAFORMAS DE E-COMMERCE

Plataformas de e-commerce desempenham um papel crucial no estabelecimento e gestão de lojas online. Neste estudo, vamos explorar detalhadamente três das principais plataformas de e-commerce: Shopify, Magento e WooCommerce. Analisaremos suas características, vantagens e desafios para ajudar a compreender qual plataforma pode ser a mais adequada para diferentes tipos de negócios.

01. Shopify

O Shopify é uma plataforma de e-commerce hospedada que oferece uma abordagem simplificada para criar e gerenciar lojas online.

Vantagens

Facilidade de Uso: É conhecido por sua interface amigável, tornando-o uma ótima escolha para iniciantes e empreendedores sem experiência técnica.

Hospedagem Incluída: O Shopify fornece hospedagem segura para as lojas, eliminando a necessidade de lidar com servidores externos.

Lojas Atraentes: Oferece uma ampla gama de temas personalizáveis para criar lojas visualmente atraentes.

App Store: A App Store do Shopify oferece uma variedade de aplicativos e extensões para adicionar funcionalidades específicas à loja.

Suporte ao Cliente: O suporte ao cliente 24/7 é uma vantagem para os proprietários de lojas que podem precisar de assistência a qualquer momento.

Desafios

Custo Mensal: O Shopify envolve uma taxa mensal,

além de taxas de transação para certos planos, o que pode impactar as margens de lucro, especialmente para pequenos negócios.

02. Magento

O Magento é uma plataforma de e-commerce de código aberto conhecida por sua flexibilidade e escalabilidade.

Vantagens

Personalização Avançada: Oferece uma grande flexibilidade na personalização do design, funcionalidades e fluxos de compra.

Escalabilidade: É uma escolha sólida para grandes empresas, pois suporta um grande número de produtos e tráfego.

Controle Total: Os proprietários de lojas têm controle total sobre o códigofonte e a infraestrutura da loja.

Comunidade Ativa: A natureza de código aberto do Magento resultou em uma comunidade ativa que contribui com plugins, extensões e soluções personalizadas.

Desafios

Complexidade: A customização avançada pode exigir conhecimento técnico e recursos financeiros consideráveis.

Hospedagem e Manutenção: Os proprietários de lojas devem lidar com hospedagem, segurança e manutenção, o que pode ser um desafio técnico.

03. WooCommerce

O WooCommerce é um plugin de e-commerce para WordPress, permitindo que proprietários de sites transformem seus sites em lojas online.

Vantagens

Integração com WordPress: Permite que os proprietários de sites existentes adicionem facilmente funcionalidades de e-commerce ao seu site WordPress.

Flexibilidade: Oferece uma ampla gama de plugins e temas para personalizar a loja conforme as necessidades.

Controle sobre Conteúdo: Como parte do WordPress, o WooCommerce permite integrar facilmente o conteúdo do blog à loja.

Desafios

Dependência do WordPress: A velocidade e a segurança da loja dependem do desempenho geral do site WordPress.

Hospedagem e Manutenção: Assim como o WordPress, o WooCommerce exige cuidados regulares de hospedagem, atualizações e segurança.

4. PROCESSO DE COMPRA ONLINE NO E-COMMERCE

O processo de compra online no e-commerce é uma jornada fundamental para os consumidores, onde eles exploram produtos, selecionam itens, adicionam ao carrinho, fazem o pagamento e escolhem as opções de envio. Neste estudo, examinaremos em detalhes os estágios do processo de compra online, incluindo o carrinho de compras, pagamento eletrônico e opções de envio.

01. Carrinho de Compras

Funcionalidade e Benefícios: O carrinho de compras é uma ferramenta virtual que permite aos clientes selecionar e armazenar os produtos que desejam comprar antes de finalizar a compra.

Seleção de Produtos

Os clientes exploram a loja, visualizam produtos e selecionam os que desejam comprar.

Adicionar ao Carrinho

Ao clicar em "Adicionar ao Carrinho", os produtos são colocados no carrinho, onde as informações relevantes, como quantidade e preço, são exibidas.

Editar e Remover

Os clientes podem editar a quantidade, remover itens ou continuar a comprar.

Resumo de Pedido

O carrinho fornece um resumo detalhado dos produtos selecionados, valores e custos totais.

02. Pagamento Eletrônico

Métodos e Segurança: O pagamento eletrônico é uma etapa crucial do processo de compra, onde os clientes concluem a transação financeira online.

Métodos de Pagamento

Cartões de Crédito/Débito

São os métodos mais comuns e incluem Visa, MasterCard, American Express, entre outros.

Carteiras Digitais

Serviços como PayPal, Apple Pay e Google Pay permitem pagamentos seguros através de contas digitais.

São os métodos mais comuns e incluem Visa, MasterCard, American Express, entre outros.

Segurança

SSL e Criptografia

As informações do cliente são protegidas com SSL (Secure Sockets Layer) para evitar roubo de dados.

Tokenização

Os detalhes do cartão são substituídos por tokens, minimizando o risco de exposição de dados sensíveis.

03. Opções de Envio

Variedade e Custos: As opções de envio permitem aos clientes escolher como desejam receber seus produtos e estimam o tempo de entrega.

Envio Padrão

Entrega em prazo regular, muitas vezes com opção de rastreamento.

Envio Expresso

Entrega rápida, com custo adicional, ideal para entregas urgentes.

Retirada na Loja

Os clientes podem retirar os produtos pessoalmente na loja física, se disponível.

Frete Grátis

Oferecer frete grátis para certos produtos ou valores de compra pode incentivar os clientes a comprar mais.

Frete Fixo

Cobrar um valor fixo de frete, independente do peso ou localização.

Cálculo Baseado em Peso/Distância

O custo de envio pode variar com base no peso do produto e na distância da entrega.

5. ATENDIMENTO AO CLIENTE NO E-COMMERCE

O atendimento ao cliente desempenha um papel crucial no sucesso de um negócio de ecommerce, pois influencia diretamente a experiência do cliente. Neste estudo, exploraremos em detalhes as diferentes formas de atendimento ao cliente no e-commerce, incluindo chat online, e-mail e redes sociais.

01. Chat Online

Funcionalidade e Benefícios: O chat online é uma ferramenta de comunicação em tempo real que permite aos clientes interagirem diretamente com representantes da empresa.

Funcionamento

Suporte Instantâneo

Os clientes podem fazer perguntas, obter ajuda e esclarecimentos em tempo real. **Respostas Rápidas**

O chat permite que os agentes respondam imediatamente a perguntas frequentes.

Navegação Assistida

Os agentes podem direcionar os clientes para as páginas certas e ajudá-los a encontrar produtos.
Benefícios

Satisfação do Cliente

A capacidade de resolver problemas rapidamente aumenta a satisfação do cliente.

Aumento de Conversões

O chat pode eliminar obstáculos de compra,

ajudando os clientes a tomar decisões informadas.

Feedback em Tempo Real

A interação ao vivo oferece insights imediatos sobre o desempenho da loja e possíveis melhorias.

02. E-mail

Funcionalidade e benefícios: o e-mail é uma forma mais tradicional de comunicação, permitindo que os clientes entrem em contato com a empresa de maneira assíncrona.

Funcionamento

Consulta Detalhada

Os clientes podem detalhar suas preocupações e dúvidas com mais profundidade.

Documentação

As conversas por e-mail fornecem um registro escrito de interações para referência futura.

Podem detalhar suas preocupações e dúvidas com mais profundidade.

Benefícios

Resposta Elaborada

O e-mail é adequado para respostas detalhadas e consultas mais complexas.

Atendimento Flexível

Os clientes podem entrar em contato a qualquer momento, sem restrições de horário.

Comunicação Pública

As interações ocorrem de maneira pública, permitindo que outros vejam as respostas.

03. Redes Sociais

Funcionalidade e benefícios: as redes sociais oferecem uma plataforma para os clientes interagirem com a marca publicamente.

Funcionamento

Comunicação Pública

As interações ocorrem de maneira pública, permitindo que outros vejam as respostas.

Alcance Amplo

As redes sociais podem ser usadas para responder a perguntas e fornecer suporte a um público amplo.
Benefícios

Transparência

As interações públicas mostram a transparência da marca e sua disposição para resolver problemas.

Resolução Rápida

As reclamações públicas podem ser tratadas rapidamente, demonstrando compromisso com o atendimento ao cliente.

6.   SEGURANÇA NO E-COMMERCE

A segurança no e-commerce é uma preocupação fundamental, pois envolve a proteção dos dados sensíveis dos clientes e a garantia de transações seguras. Neste estudo, exploraremos em detalhes as medidas de segurança essenciais no e-commerce, incluindo certificados digitais, criptografia de dados e proteção contra fraudes.

01. Certificados Digitais

Função e Benefícios: Os certificados digitais são ferramentas de segurança que estabelecem a autenticidade e a confiança entre um site e seus visitantes.

SSL (Secure Sockets Layer)

Criptografia de Dados

O SSL protege a transferência de dados sensíveis, como informações de cartão de crédito, tornando-as inacessíveis para hackers.

Identificação da Empresa

Os certificados SSL validam a identidade da empresa, exibindo um cadeado e "https://" na barra de endereços.

Benefícios

Confiabilidade

Um site seguro com certificado digital transmite confiança aos clientes, incentivando-os a compartilhar informações pessoais.

Proteção contra Interceptação

A criptografia de dados impede que terceiros interceptem informações confidenciais durante a transmissão.

02. Criptografia de Dados

Funcionamento e Benefícios: A criptografia é a técnica de codificar informações de maneira que apenas os destinatários autorizados possam decifrar.

Funcionamento

Chaves Pública e Privada

Um sistema de criptografia utiliza um par de chaves: uma pública (usada para codificar) e uma privada (usada para decifrar).

Tecnologias de Criptografia

As tecnologias modernas, como o TLS (Transport Layer Security), garantem a criptografia segura de dados.

Benefícios

Confidencialidade

Dados sensíveis são protegidos, mesmo que sejam interceptados por terceiros.

Integridade dos Dados

A criptografia garante que os dados não sejam alterados durante a transmissão.

03. Proteção contra Fraudes

Prevenção e Detecção: A proteção contra fraudes envolve medidas para identificar e prevenir atividades fraudulentas.

Prevenção

Verificação 3D Secure

Solicita autenticação adicional do titular do cartão durante a transação.

Análise de Fraudes

Algoritmos analisam padrões suspeitos, como compras incomuns ou múltiplos pedidos com cartões diferentes.

Detecção

Monitoramento em Tempo Real

As transações são monitoradas em tempo real para identificar comportamentos fraudulentos.

Machine Learning

Algoritmos de aprendizado de máquina podem

identificar padrões fraudulentos com base em históricos de transações.

7. CONTEXTUALIZANDO A NECESSIDADE DAS LEIS PARA REGULAR O E-COMMERCE:

É inegável que o E-commerce, ou comércio eletrônico, transformou profundamente a maneira como compramos e vendemos produtos e serviços. Com a ascensão das transações online, uma série de desafios e oportunidades surgiram, exigindo a implementação de leis específicas para regular esse ambiente dinâmico e em constante evolução.

O comércio tradicional já possui uma sustentação legal consolidada, que engloba desde contratos e direitos do consumidor até responsabilidades do vendedor. No entanto, quando migramos para o cenário digital, encontramos particularidades únicas que demandam uma abordagem igualmente única. A ausência de interações físicas, a velocidade das transações, a globalização das operações e a crescente importância dos dados pessoais são apenas algumas das características que demandam regulamentação especializada.

A proteção do consumidor é um ponto crucial. Em um espaço onde as fronteiras físicas são eliminadas, os consumidores podem enfrentar dificuldades ao garantir seus direitos em caso de produtos defeituosos, entregas atrasadas ou até fraudes. É por isso que as leis do Ecommerce muitas vezes se concentram em estabelecer regras claras para a transparência das informações, prazos de devolução e reembolso, e a garantia de que os direitos do consumidor não sejam prejudicados pelo ambiente virtual.

Além disso, a segurança cibernética e a privacidade dos dados são questões cruciais. Com um aumento significativo na coleta e compartilhamento de informações pessoais, os riscos de violações de dados e de utilização inadequada dessas informações são reais. As leis de Ecommerce entram em ação para garantir que as empresas adotem medidas rigorosas de segurança cibernética e obtenham consentimento claro dos usuários para a coleta e uso de seus dados.

7.1   PRINCIPAIS PONTOS DA LEI:

A legislação relacionada ao E-commerce abrange vários aspectos para garantir transações seguras e justas online. Alguns dos aspectos mais relevantes incluem:

1. Proteção do Consumidor:

A lei do E-commerce geralmente estabelece direitos para os consumidores, como o direito à informação clara sobre produtos e serviços, prazos de devolução e reembolso, além de regras para solução de conflitos.

2.Privacidade e Proteção de Dados:

A legislação aborda a coleta, uso e armazenamento de informações pessoais dos usuários. Ela pode exigir a obtenção de consentimento explícito para coleta de dados e a adoção de medidas de segurança para proteger informações sensíveis.

3. Contratos Online:

As leis do E-commerce estipulam como os contratos são formados e executados no ambiente virtual. Isso inclui o reconhecimento de aceitação de termos e condições, confirmações de pedidos e regras para cancelamento.

4. Responsabilidade do Vendedor:

As normas definem a responsabilidade do vendedor por produtos defeituosos ou danificados.

Além disso, podem estipular requisitos para garantias e assistência pós-venda.

5. Propriedade Intelectual:

A proteção de direitos autorais, marcas registradas e patentes é relevante no E-commerce. A legislação aborda questões de plágio, pirataria e falsificação.

6. Comércio Transfronteiriço:

As leis do E-commerce também tratam das transações entre fronteiras, incluindo questões de impostos, tarifas e regulamentos aduaneiros.

7. Publicidade e Marketing:

A legislação define regras para a publicidade online, como a veracidade das informações divulgadas, prevenção contra spam e práticas enganosas.

8. Resolução de Conflitos:

Normas podem estabelecer mecanismos para a resolução de disputas online, como mediação ou arbitragem.

9. Acessibilidade:

Algumas leis requerem que os sites e plataformas sejam acessíveis a pessoas com deficiência, garantindo que todos possam participar do comércio eletrônico.

7.2   ASPECTOS LEGAIS DO E-COMMERCE

O comércio eletrônico está sujeito a uma série de aspectos legais que regulam a operação das lojas online, a privacidade dos dados dos clientes e a resolução de conflitos. Neste estudo, exploraremos em detalhes os principais aspectos legais do e-commerce, incluindo regulamentações do comércio eletrônico, leis de privacidade e proteção de dados, bem como a resolução de conflitos.

01. Regulamentações do Comércio Eletrônico

Função e Importância: As regulamentações do comércio eletrônico estabelecem as regras e diretrizes para operar lojas online, proteger os consumidores e promover a concorrência justa.

Regras Gerais

Informações Obrigatórias

As lojas online devem fornecer informações claras sobre produtos, preços, termos de venda e informações de contato.

Regras Gerais

Contratos Eletrônicos

Estabelecem regras para a validade e a execução de contratos online.

Direito de Retorno

Muitas regulamentações exigem que os consumidores tenham o direito de devolver produtos em um determinado período.

Importância

Proteção ao Consumidor

Regulamentações garantem que os consumidores tenham informações claras e direitos quando fazem compras online.

Transparência

A transparência nas informações evita práticas desonestas e enganosas por parte dos vendedores.

02. Leis de Privacidade e Proteção de Dados

Funcionamento e Impacto: As leis de privacidade e proteção de dados protegem as informações pessoais dos consumidores e estabelecem diretrizes para o uso desses dados.

Princípios-Chave

Consentimento Informado

Empresas devem obter consentimento claro e específico para coletar e usar dados pessoais.

Direito ao Esquecimento

Consumidores têm o direito de solicitar a exclusão de seus dados após o término do relacionamento comercial.

Notificação de Violação

Empresas devem notificar os clientes em caso de violação de dados.

Impacto

Multas por Violações

Violações das leis de proteção de dados podem resultar em multas substanciais.

03. Resolução de Conflitos

Métodos e alternativas: a resolução de conflitos é importante para lidar com disputas entre consumidores e empresas no ambiente online.

Métodos

Atendimento ao Cliente

Muitos conflitos podem ser resolvidos através do atendimento ao cliente, respondendo às preocupações dos clientes.

Mediação

Envolve um terceiro imparcial que ajuda as partes a chegarem a um acordo.

Métodos

Resolução Online de Disputas

Plataformas online especializadas auxiliam na resolução de disputas sem a necessidade de comparecer a um tribunal.

Alternativas

Programas de Proteção ao Comprador

Algumas plataformas de e-commerce oferecem programas de proteção ao comprador que garantem reembolsos em caso de disputas.

Termos e Condições Claros

Definir claramente os termos e condições de venda pode prevenir muitos conflitos.

8.   TENDÊNCIAS NO E-COMMERCE

O e-commerce está em constante evolução devido às mudanças nas preferências dos consumidores e ao avanço da tecnologia. Neste estudo, exploraremos em detalhes algumas das principais tendências no e-commerce: personalização da experiência do cliente, *omnichannel* e inteligência artificial.

01. Personalização da Experiência do Cliente

Funcionamento e Benefícios: A personalização da experiência do cliente envolve a adaptação de conteúdo, produtos e interações com base nas preferências e comportamentos individuais.

Funcionamento

Análise de Dados

Coleta e análise de dados de compras anteriores, comportamento de navegação e interações para entender os interesses do cliente.

Recomendações Personalizadas

Sugerir produtos com base nas preferências e histórico de compra do cliente. **E-mails e Ofertas Sob Medida**

Enviar e-mails personalizados com ofertas e promoções relevantes para cada cliente.

Benefícios

Aumento das Conversões

A personalização aumenta a relevância das ofertas, o que pode levar a taxas de conversão mais altas.

Fidelização do Cliente

Oferecer uma experiência personalizada cria um vínculo emocional com o cliente, incentivando a fidelidade.

Redução do Abandono do Carrinho

Recomendações personalizadas podem reduzir o abandono do carrinho ao mostrar produtos relevantes antes do checkout.

02. Omnichannel

Definição e Vantagens: O *omnichannel* envolve a integração perfeita de diferentes canais de venda e interação, criando uma experiência consistente para o cliente.

Integração de Canais

Lojas Físicas e Online

A experiência do cliente é consistente tanto na loja física quanto na online.

Dispositivos Móveis

O cliente pode alternar entre dispositivos, mantendo o histórico de navegação e o carrinho de compras. **Vantagens**

Experiência Unificada

Os clientes podem escolher como interagir com a marca, mantendo uma experiência fluida.

Maior Engajamento

A interação entre canais aumenta o engajamento e a probabilidade de conversões.

Conhecimento Aprofundado do Cliente

A visibilidade em todos os canais permite uma compreensão mais completa do cliente.

03. Inteligência Artificial

Aplicações e Benefícios: A inteligência artificial (IA) está transformando o ecommerce, permitindo automação e personalização avançadas.

Aplicações

Chatbots

IA é usada para criar chatbots que oferecem suporte ao cliente em tempo real.

Análise de Dados

IA analisa grandes volumes de dados para insights valiosos sobre o comportamento do cliente.

Recomendações

Algoritmos de IA fornecem recomendações de produtos mais precisas com base no histórico de compras.

Benefícios

Atendimento 24/7

Chatbots permitem atendimento contínuo sem necessidade de intervenção humana.

Tomada de Decisão Informada

A análise de dados de IA ajuda as empresas a tomar decisões mais informadas.

Melhor Experiência do Cliente

Recomendações de produtos mais precisas melhoram a experiência de compra.

9. EXEMPLOS DE SUCESSO NO E-COMMERCE

Alguns gigantes do e-commerce alcançaram um sucesso notável em suas respectivas regiões e globalmente. Neste estudo, examinaremos em detalhes três exemplos de sucesso no ecommerce: Amazon, Alibaba e Mercado Livre.

A Amazon, fundada por Jeff Bezos em 1994, começou como uma livraria online e se expandiu para se tornar uma das maiores e mais diversificadas empresas de e-commerce do mundo.

Diferenciação

A Amazon oferece uma gama vasta de produtos,

desde eletrônicos até produtos de beleza e mantimentos.

Entrega Rápida

A introdução do serviço Prime permitiu entregas rápidas e vantagens adicionais para os assinantes.

Experiência do Cliente

A Amazon valoriza a satisfação do cliente, oferecendo avaliações, recomendações personalizadas e uma experiência de compra conveniente.

Fundado por Jack Ma em 1999, o Alibaba é uma empresa chinesa que se destaca como uma das maiores plataformas de comércio eletrônico do mundo.

Diferenciação

Mercados Online

O Alibaba opera o Alibaba.com (comércio entre empresas), Taobao (comércio entre consumidores) e Tmall (marcas e varejistas oficiais).

Ecossistema

Além do comércio, o Alibaba se expandiu para fintech, nuvem, entretenimento e tecnologia.

Impacto Global

O Alibaba desempenhou um papel importante no crescimento do comércio eletrônico na China e globalmente, facilitando a conexão entre compradores e vendedores.

Fundado em 1999 por Marcos Galperin, o Mercado Livre é uma das maiores plataformas de comércio eletrônico na América Latina.

Diferenciação

Modelo de Marketplace

O Mercado Livre permite que vendedores terceirizados vendam seus produtos na plataforma, aumentando a variedade de produtos.

Pagamentos e Logística

O Mercado Pago oferece soluções de pagamento, e o Mercado Envios cuida da logística.

Impacto na América Latina

O Mercado Livre teve um impacto significativo na promoção do comércio eletrônico na região, tornando-se um local popular para compras online.

10. FONTES:

Senado Federal do Brasil - Legislação: O site do Senado Federal do Brasil oferece acesso à legislação atualizada, incluindo a legislação relacionada ao E-commerce.

Site: https://www25.senado.leg.br/web/atividade/legislacao/

Portal do Consumidor: O Portal do Consumidor do Governo Federal disponibiliza informações sobre direitos e deveres do consumidor, incluindo aspectos da Lei do E-commerce. http://www.consumidor.gov.br/

Senado Notícias: A seção de notícias do Senado pode fornecer atualizações sobre discussões e mudanças na legislação do E-commerce. Site:

https://www12.senado.leg.br/noticias/

Organização Mundial do Comércio (OMC): O site da OMC oferece informações sobre comércio eletrônico e regulamentações em todo o mundo. Site: https://www.wto.org/

UNCITRAL - *United Nations Commission on International Trade Law*: A UNCITRAL trabalha em padrões e modelos legais para o comércio internacional, incluindo E-commerce. https://uncitral.un.org/

European Consumer Centre Network: Fornece informações sobre direitos dos consumidores no contexto da União Europeia e comércio eletrônico.

https://ec.europa.eu/info/live-work-travel-eu/consumers/resolve-your-consumercomplaint/european-consumer-centres-network_en

Harvard Law Review: Revista acadêmica que frequentemente publica artigos sobre questões legais relacionadas ao E-commerce. https://harvardlawreview.org/

Journals and Academic Databases: Plataformas como JSTOR, PubMed e Google Scholar contêm artigos acadêmicos sobre leis e regulamentações de E-commerce.

Grupo 5

UMA VISÃO GERAL DA LEI 12.965/2014: O MARCO CIVIL DA INTERNET

Carlos Henrique Barreto Mareco
Gabriel Lamarão da Silva Costa
Raiana Correa de Almeida

Resumo

Este artigo aborda os pilares do Marco Civil da Internet (preserva a privacidade dos usuários, a neutralidade da rede e a garantia da liberdade de expressão), identificando brechas na lei e sua relação com outras legislações. Conclui-se que o Marco Civil da Internet é essencial, apesar das brechas, para proteger os direitos dos usuários e manter a internet como um espaço democrático e igualitário no Brasil.

Palavras-chave: Marco Civil da Internet. Privacidade. Neutralidade da rede. Liberdade de expressão.

Abstract

This article explores the pillars of the Brazilian Internet Civil Framework (preserving user privacy, net neutrality, and ensuring freedom of expression), identifying legal gaps and its relationship with other legislation. It is concluded that the Brazilian Internet Civil Framework is crucial, despite these gaps, to protect users' rights and maintain the internet as a democratic and egalitarian space in Brazil.

Key-words: Brazilian Internet Civil Framework. Privacy. Net neutrality. Freedom of expression.

1. INTRODUÇÃO

Desde a década de 80, com o surgimento e disseminação da Rede mundial de computadores- Internet, as interações humanas têm se tornado cada vez mais intrinsecamente ligadas ao mundo virtual, tornando esse ambiente parte do cotidiano da sociedade contemporânea. Ao passo em que essa ferramenta foi inserida na sociedade, ela também foi sendo adaptada para atender as demandas sociais, dentre elas a comunicação, cooperação, compartilhamento de ideias, emoções, valores e objetivos, que são essenciais para a construção de relações sociais criando assim o que chamamos de Ambiente Virtual. No mundo virtual, as pessoas se apresentam online sem estar fisicamente presentes. O trabalho pode agora ser realizado de maneira remota, com os trabalhadores executando suas tarefas a partir de qualquer local, o comércio já não se restringe exclusivamente aos mercados convencionais, mas também ocorre de um ambiente virtual, a educação teves novos desafios para inserir a internet no processo de ensino e aprendizagem, passando essa a ser uma facilitadora de acesso à informação. Entretanto, dentro de tantas possibilidades, há também a problemática de que crimes podem ser cometidos também neste ambiente. O próprio Estado, que muitas vezes aspira a ser onipotente, onipresente e onisciente, precisou se adaptar para poder agir nesse ambiente virtual. Enquanto no passado as declarações de direitos eram suficientes para garantir o respeito pelos indivíduos em suas esferas social e privada, hoje em dia, é cada vez mais necessário reafirmar a relação entre o indivíduo e o Estado no ambiente virtual, criando ordenamento social e por conseguinte normas e regras para melhor convívio e manutenção dos direitos dentro do Ambiente Virtual.

A partir da necessidade de garantir um ambiente virtual onde os direitos dos cidadãos brasileiros sejam respeitados de maneira integral, criando mecanismos para proteger e responsabilizar os usuários da rede mundial de computadores perante os códigos do ordenamento jurídico Brasileiro foi criada o Marco Civil da Internet, oficialmente conhecido como Lei 12.965/2014 no Brasil, tendo como artigo:

Art 1º Esta Lei estabelece princípios, garantias, direitos e deveres para o uso da internet no Brasil e determina as diretrizes para atuação da União, dos Estados, do Distrito Federal e dos Municípios em relação à matéria.

2. CONTEXTO HISTÓRICO

No ano de 2013, após a revelação de sérios casos de espionagem internacional enfrentados pelos países Alemanha e Brasil, eles se uniram a mais vinte nações para apresentar à Organização das Nações Unidas um projeto de resolução intitulado "O direito à privacidade na era digital" (United Nations, 2003. Apud FILHO, 2016), preocupados como a utilização de novas tecnologias inseridas no ambiente virtual estavam contribuindo para a fragilidade de alguns direitos fundamentais alcançados no passado, nesse ato a globalização da Internet e a importância de preservar o direito à privacidade online foram reconhecidas. Os Estados foram aconselhados a respeitar e salvaguardar a privacidade nas comunicações digitais, evitando qualquer violação desses direitos. Isso engloba a necessidade de avaliar e reformar práticas de vigilância e coleta massiva de dados, bem como, a instituição de órgãos independentes de supervisão para garantir transparência e prestação de contas nessas atividades. Neste contexto, surgem no Brasil os debates acerca da regulação do ambiente virtual, segundo Filho

2016, o ordenamento jurídico brasileiro se via limitado diante dos novos desafios e demandas trazidos pelas interações na internet. Nesse momento o Brasil já contava com leis que abarcavam crimes virtuais, como a Lei Carolina Dieckmann de 2013, entretanto a criação da lei e suas ,primeiras aplicações evidenciaram a necessidade de um maior aparato jurídico para julgar crimes virtuais, bem como para proteger o direito dos usuários brasileiros que utilizam a rede mundial de computadores. O governo brasileiro começou a pressionar o Congresso Nacional, para que debatesse um projeto de lei sobre comportamento na esfera virtual, o texto foi escrito e apresentado por uma parceria do Ministério da Justiça com a Escola de Direito do Rio de Janeiro, da Fundação Getúlio Vargas (FGV Direito Rio, 2014) em 2009, o texto foi base para o Marco Civil da Internet

O projeto obteve um apoio significativo da população, uma vez que o texto foi submetido a consultas públicas em várias cidades brasileiras e permitiu que sugestões fossem apresentadas online. Como resultado dessa iniciativa, o deputado Alessandro Molon (na época filiado ao PT-RJ), que atuou como relator do projeto, apresentou um substitutivo que incorporou as sugestões mais relevantes, e essas foram incluídas no texto final.

3. OS TRÊS PILARES DA LEI

O art. 2º tem como fundamento o respeito à liberdade de expressão, o art. 3º garante a liberdade de expressão, comunicação e manifestação de pensamento, proteção à privacidade e dados pessoais, além de garantir a neutralidade da rede. Ou seja, os três principais pontos da lei 12.965/14 são: 1) a garantia de liberdade de expressão, 2) a proteção à privacidade e aos dados pessoais e 3) a neutralidade da rede.

4.   PRESERVAÇÃO DA PRIVACIDADE DOS USUÁRIOS

No que se refere a privacidade dos usuários, o marco civil da internet trata a privacidade dos usuários como um direito humano fundamental para a liberdade de expressão e para uma democracia saudável. No art. 7º, os incisos I, II, III, VII e VIII abordam a proteção da intimidade e da vida privada através da sua inviolabilidade, sigilo das comunicações privadas pela rede, sejam elas transmitidas ou armazenadas; a proteção dos dados pessoais coletados pela internet e não fornecimento desses dados a terceiros, além do dever de informar e solicitar o consentimento do usuário para a coleta desses dados.

No art. 10 da lei 12.965/14 a guarda e a disponibilização dos registros de conexão e de acesso a aplicações de internet devem ser realizadas com respeito à intimidade, vida privada, honra e imagem das pessoas direta ou indiretamente envolvidas.

O art. 13 refere-se a guarda de registros de conexão, que devem ser armazenadas pelo administrador sob sigilo e em ambiente seguro e controlado durante um prazo de 1 (um) ano. Não podendo ser transferido para terceiros, além de a autoridade policial, ou administrativa ou o Ministério Público poder requerer cautelarmente o registro de acesso por um período maior que o previsto no caput.

Já no art. 14, no que tange à provisão de conexão aos registros de acesso a aplicações de internet, é vedado o armazenamento dos registros de acesso a aplicações de internet. Ou seja, o provedor não pode registrar qual conteúdo do site Y foi acessado pelo usuário.

No art. 15, o provedor de aplicações de internet deverá manter os registros de acesso à aplicações de internet por um prazo de 6 (seis) meses.

5. NEUTRALIDADE DA REDE

A neutralidade da rede, no âmbito do Marco Civil da Internet, é uma medida que proíbe os Provedores de Serviços de Internet (ISPs) de discriminar ou priorizar determinados tipos de tráfego online com base em critérios como conteúdo, origem, destino, serviço ou aplicativo. Isso significa que todos os dados transmitidos pela Internet devem ser tratados de maneira igual, sem que um dado seja favorecido em detrimento de outro. Esta medida está definida no art. 9º e tem uma série de implicações significativas.

Em primeiro lugar, a Neutralidade da Rede assegura a liberdade de expressão dos usuários da Internet, outro pilar do Marco Civil da Internet. Ela impede que os ISPs bloqueiem ou diminuam a qualidade de acesso a determinados conteúdos ou serviços, garantindo que todos os cidadãos tenham a mesma capacidade de disseminar suas opiniões, independentemente de sua origem ou de suas ideias.

Além disso, a neutralidade da rede fomenta a inovação e a concorrência no mercado digital. Com esse princípio em vigor, startups e pequenas empresas têm igualdade de condições para competir com gigantes da indústria, uma vez que não podem ser prejudicadas por práticas anticompetitivas dos ISPs. Isso contribui para um ambiente mais dinâmico e diversificado na Internet.

Outro aspecto importante é a transparência. O Marco Civil exige que os ISPs forneçam informações claras sobre a qualidade dos serviços oferecidos, incluindo velocidade de conexão e eventuais limitações de tráfego. Isso permite que os usuários façam escolhas informadas sobre seus provedores e serviços contratados, reafirmando um direito estabelecido no Código do Consumidor.

No entanto, vale destacar que a neutralidade da rede não é absoluta. A lei prevê exceções, como a priorização de serviços de emergência, o cumprimento de ordens judiciais, a garantia da qualidade do serviço e o controle de tráfego para combater vírus e malwares.

Essas exceções são estritamente controladas e justificadas, garantindo que o princípio da neutralidade seja respeitado na medida do possível.

A fiscalização da neutralidade da rede é uma tarefa crucial e complexa que envolve múltiplos atores. O Comitê Gestor da Internet no Brasil (CGI.br) desempenha um papel essencial nesse processo. Este comitê é responsável por promover a governança da Internet no país, e sua atuação se estende à garantia da neutralidade da rede. O CGI.br realiza debates, estudos e consultas públicas para discutir questões relacionadas à neutralidade e contribui para a formulação de diretrizes e regulamentos que a assegurem.

Além do CGI.br, a Agência Nacional de Telecomunicações (ANATEL) é outra entidade fundamental na fiscalização da neutralidade da rede. A ANATEL tem o poder de regulamentar e fiscalizar os ISPs, garantindo que estejam em conformidade com as regras estabelecidas no

Marco Civil da Internet. A agência pode realizar auditorias, receber denúncias de usuários e tomar medidas corretivas quando ocorrem violações da neutralidade.

A neutralidade da rede é um pilar fundamental do Marco Civil da Internet no Brasil, e sua fiscalização é realizada de forma colaborativa por diferentes atores, incluindo o Comitê Gestor da Internet no Brasil (CGI.br) e a Agência Nacional de Telecomunicações (ANATEL). Ela promove a liberdade de expressão, protege a inovação e a concorrência, assegura a igualdade de condições para todos os usuários e estimula um ambiente digital transparente e democrático. Portanto, a manutenção desse princípio é essencial para preservar os valores democráticos da Internet e garantir que ela continue a ser um espaço aberto e acessível a todos. Em um mundo cada vez mais digital, a neutralidade da rede, com a colaboração do CGI.br e da ANATEL, é uma salvaguarda essencial para a liberdade e a equidade na rede mundial de computadores.

6. GARANTIA DA LIBERDADE DE EXPRESSÃO

Do mesmo modo que a Internet trouxe benefícios como maior acesso à informação, cultura, dinamismo e facilidade de comunicação, ela trouxe novos desafios de como essa comunicação pode ser feita de maneira benéfica, construtiva e legal. Segundo Filho 2016 na Lei n. 12.965/14, fica evidente a preocupação em afastar possíveis críticas relacionadas à reinstauração da censura no país. Para alcançar esse objetivo, no artigo 2º, parágrafo inicial, foi estabelecido que a regulação do uso da internet no Brasil tem como base o respeito à liberdade de expressão. Além disso, no artigo 19, é declarado que "com o propósito de garantir a liberdade de expressão e evitar a censura...", uma cláusula que não estava presente no projeto original. Dessa forma, essa disposição repete o que já está estabelecido no artigo 3º, item I, o qual assegura um dos princípios do uso da internet no Brasil como sendo a "preservação da liberdade de expressão, comunicação e manifestação do pensamento, de acordo com a Constituição Federal".

Art. 2º A disciplina do uso da internet no Brasil tem como fundamento o respeito à liberdade de expressão, bem como: (...).

I - garantia da liberdade de expressão, comunicação e manifestação de pensamento, nos termos da Constituição Federal;

II - proteção da privacidade;

III - proteção dos dados pessoais, na forma da lei;

IV - preservação e garantia da neutralidade de rede;

Art. 8º A garantia do direito à privacidade e à liberdade de expressão nas comunicações é condição para o pleno exercício do direito de acesso à internet.

Art. 19. Com o intuito de assegurar a liberdade de expressão e impedir a censura, o provedor de aplicações de internet somente poderá ser responsabilizado civilmente por danos decorrentes de conteúdo gerado por terceiros se, após ordem judicial específica, não tomar as providências para, no âmbito e nos limites técnicos do seu serviço e dentro do prazo assinalado, tornar indisponível o conteúdo apontado como infringente, ressalvadas as disposições legais em contrário.

§ 2º A aplicação do disposto neste artigo para infrações a direitos de autor ou a direitos conexos depende de previsão legal específica, que deverá respeitar a liberdade de expressão e demais garantias previstas no art. 5º da Constituição Federal.

Segundo Filho 2016, outro aspecto que recebeu considerável atenção do legislador foi o enfrentamento das atividades ilícitas de natureza civil e criminal que ocorrem sob o véu da privacidade na internet. Enquanto, do ponto de vista social, a internet proporciona interações interpessoais anônimas, do ponto de vista técnico, todas as ações realizadas na internet podem ser registradas pelos provedores de acesso e de conteúdo, o que permite a identificação dos usuários. Dessa forma, o artigo 13, parágrafo inicial, do Marco Civil da Internet estipula a obrigatoriedade de conservar os registros de conexão à internet por um período de um ano, e o artigo 15, parágrafo inicial, determina a conservação dos registros de acesso a aplicações da internet por seis meses. Contudo, o acesso a esses dados com o objetivo de buscar reparação civil pelos danos causados à vítima ou para fins de investigação criminal somente pode ocorrer mediante a intervenção do Poder Judiciário, conforme estabelecido nos artigos 7º, inciso III; 10, parágrafos 1º e 2º; 13, parágrafos 3º e 5º; 15, parágrafo 3º, desta Lei. Podemos concluir que a lei garante a liberdade na rede, entretanto garante mecanismos para que a liberdade de expressão não seja utilizada para fins criminosos.

6.1 Controle Parental

O controle de conteúdo pelos pais passa a ser permitido, sem que isso seja considerado infração à liberdade.

Art. 29. O usuário terá a opção de livre escolha na utilização de programa de computador em seu terminal para exercício do controle parental de conteúdo entendido por ele como impróprio a seus filhos menores, desde que respeitados os princípios desta *Lei e da Lei nº 8.069, de 13 de julho de 1990 - Estatuto da Criança e do Adolescente.*

Embora o Marco Civil da Internet não detalhe especificamente as práticas de controle parental, ele fornece um arcabouço legal para a proteção de direitos e a segurança na internet, que os pais podem utilizar como base para implementar medidas de controle parental adequadas, como a utilização de softwares de filtragem, supervisão do uso da internet e orientação sobre segurança online para seus filhos. É importante que os pais estejam envolvidos e conscientes das atividades online de seus filhos para garantir uma experiência segura na internet.

7. CASOS DE APLICAÇÃO DA LEI

7.1 CASO 1

Em 2015, o aplicativo de mensagens instantâneas, Whatsapp, foi bloqueado por 48 horas em todo território brasileiro, pois não cooperou com as investigações realizadas na época. Essas investigações eram baseadas em informações de acesso de provedores de aplicação como o Whatsapp.

A investigação estava ocorrendo em segredo de justiça e a empresa responsável pelo aplicativo não atendeu à determinação judicial de 23 de julho de 2015 que partiu da 1ª Vara Criminal de São Bernardo do Campo. De acordo com o G1, a empresa foi notificada mais uma vez em 7 de agosto, com uma multa fixada em caso de não cumprimento.

Apesar do ocorrido, o aplicativo de mensagem ficou fora do ar por aproximadamente 14 horas, pois o bloqueio foi suspenso no dia seguinte ao do início do bloqueio pelo Tribunal de Justiça de São Paulo através de uma liminar. A decisão provisória permitiu que as operadoras de internet voltassem a permitir o uso do aplicativo, pois o bloqueio foi considerado uma violação do princípio da neutralidade de rede e do direito de acesso à internet previstos no Marco Civil da Internet

7.2   CASO 2

Em determinado caso, na Defensoria Pública, uma assistida (resguardada a anonimização em razão do segredo de justiça) buscou assistência jurídica gratuita para retirada de perfil falso em aplicativo de relacionamentos, com indicação de seu telefone celular na biografia e fotos suas, mas com nome diferente. A assistida passou a ser importunada diariamente, com mensagens diretas de interessados em seu *WhatsApp*. Entretanto, não conseguiu realizar o *print* do perfil falso criado (exibido de forma aleatória), ficando inviável a busca específica a qualquer perfil.

A assistida, então, lavrou um boletim de ocorrência e registrou reclamações nos canais de atendimento da plataforma. A Defensoria Pública notificou extrajudicialmente a aplicação de internet para remoção do perfil *fake*. Porém, em resposta, esta informou que não havia identificação clara e específica do conteúdo apontado como infringente, que permita a localização inequívoca do material. Além disso, a empresa de tecnologia ressaltou que a medida de tornar indisponível o material falso dependeria de ordem judicial. Então, a Defensoria Pública ingressou com ação de obrigação de fazer com pedido liminar cumulada com indenizatória por danos morais.

No caso em exame, o defensor público concluiu ser impossível uma empresa de tecnologia não conseguir localizar em seu sistema um perfil falso com a indicação do telefone celular da vítima, estando, assim, cumprido o requisito do artigo 19, § 1º do MCI. Tanto que, após a concessão da tutela de urgência, o aplicativo localizou e bloqueou o perfil *fake*.

8. BRECHAS DA LEI

Os casos apresentados mostram como os artigos do MCI podem interagir um com o outro. No caso 1 havia a interação entre o art. 11 e 12 que tratam do registro de dados de acesso a aplicação que ocorram no território nacional que resultam em suspensão temporária das atividades que envolvam os atos previstos no art. 11, tal suspensão mencionada prejudicou milhões de usuários que exerciam o art. 4º I, do direito de acesso a internet a todos.

No segundo caso a problemática envolve os danos causados ao usuário por somente conseguir retirar conteúdo da internet por meio de ordem judicial, que por sua vez é um processo demorado.

9. RELAÇÃO DA LEI COM OUTRAS LEIS BRASILEIRAS

O Marco Civil da Internet representa um marco regulatório fundamental para a internet no Brasil. É interessante notar que o Marco Civil da Internet possui uma relação intrínseca com outras leis brasileiras, uma vez que se insere em um contexto jurídico mais amplo, reafirmando ou complementando direitos e princípios previamente estabelecidos, ou ainda, aqueles que surgiram em decorrência de outros questionamentos abertos dentro do Marco Civil da Internet.

Primeiramente, o Marco Civil da Internet se relaciona com a Constituição Federal de 1988, que garante direitos fundamentais como a liberdade de expressão e a inviolabilidade da intimidade e da vida privada. O Marco Civil reafirma e fortalece esses princípios ao estabelecer a neutralidade da rede, que impede a discriminação de conteúdo por parte dos provedores de internet, assegurando assim a igualdade de acesso à informação e a liberdade de expressão dos cidadãos.

Além disso, o Marco Civil da Internet também se relaciona com o Código Civil, especialmente no que diz respeito a responsabilidades civis por danos causados na internet. A legislação estabelece que provedores de aplicações não são responsáveis pelo conteúdo gerado pelos usuários, a menos que descumpram ordens judiciais específicas para a remoção de conteúdo ilegal. Essa abordagem equilibra a liberdade de expressão com a necessidade de combater a disseminação de informações prejudiciais na rede.

Outra lei importante que se relaciona com o Marco Civil da Internet é o Código de Defesa do Consumidor. O Marco Civil estabelece que os provedores de serviços de internet devem fornecer informações claras sobre seus termos de uso e políticas de privacidade, garantindo assim a transparência e o direito do consumidor à informação adequada. Isso é essencial para proteger os interesses dos usuários da internet, que muitas vezes são consumidores de serviços online.

O tema da proteção de dados pessoais também é abordado no Marco Civil da Internet e se relaciona com a Lei Geral de Proteção de Dados (LGPD), que entrou em vigor em setembro de 2020. O Marco Civil da Internet já previa a proteção da privacidade dos usuários, mas a LGPD ampliou e fortaleceu essas disposições, criando um quadro legal mais abrangente para o tratamento de dados pessoais no Brasil.

Além disso, o Marco Civil da Internet também se relaciona com outras leis que tratam de questões específicas, como o combate à pornografia infantil e a proteção de direitos autorais na internet. Ele estabelece mecanismos para a remoção de conteúdo ilegal e a responsabilização dos infratores, em conformidade com as leis específicas que regem essas áreas.

O Marco Civil da Internet reafirma e fortalece direitos fundamentais, como a liberdade de expressão e a privacidade, ao mesmo tempo em que se adapta a um ambiente digital em constante evolução e se relaciona com outras leis para garantir um ambiente online seguro, transparente e equitativo para todos os cidadãos brasileiros.

10. CONSIDERAÇÕES FINAIS

É induvidável que o Marco Civil da Internet trouxe grandes avanços na legislação brasileira, sendo indispensável para determinar as diretrizes e comportamentos dentro da esfera virtual, trazendo novas ferramentas para regulação do convívio e manutenção da ordem, bem como garantia dos direitos dos usuários, trazendo à luz alternativas ao ordenamento jurídico e desmistificando a Rede Mundial de Computadores.

Para além de regular a utilização da Internet, a Lei 12.965/2014 possibilitou que a internet deixasse de ser um espaço abstrato aos órgãos jurídicos, fazendo com que fosse mais fácil a aplicação e outras leis já existentes criando mecanismos para que essa aplicação fosse possível na esfera virtual, o que antes era muito complicado visto que o Direito Civil e criminal são muito ligados as provas materiais e conceitos territoriais. A lei também se preocupa com a manutenção dos pilares democráticos buscando criar um ambiente propício ao convívio, respeitando as liberdades individuais de escolha, liberdade de expressão e privacidade, bem como garantir o direito à educação e direito de acesso da Criança e do adolescente na esfera virtual, como pode ser visto no Artigo 19.

Art 19 (..) :

Parágrafo único. Cabe ao poder público, em conjunto com os provedores de conexão e de aplicações de internet e a sociedade civil, promover a educação e fornecer informações sobre o uso dos programas de computador previstos no caput, bem como para a definição de boas práticas para a inclusão digital de crianças e adolescentes.

Este artigo é de suma importância pois a partir deste lei, podemos concluir que a utilização de maneira idônea da internet passa a integrar também um dever do usuário, ao passo que declara a sociedade civil também responsável pela segurança na rede, não apenas o poder público e os provedores, sendo de responsabilidade também dela propagar boas práticas e educação digital.

No geral, o Marco Civil da Internet é considerado uma conquista significativa para a regulação da internet, priorizando direitos individuais e a liberdade online, ao mesmo tempo em que estabelece um conjunto de regras que visam a proteção e o funcionamento adequado da internet no Brasil. No entanto, como qualquer legislação, ele também enfrenta desafios e debates em constante evolução à medida que a internet continua a se desenvolver.

11. REFERÊNCIAS BIBLIOGRÁFICAS

Análise de caso: Artigo 19 do Marco Civil da Internet e abuso de direito. Disponível em: <https://emporiododireito.com.br/leitura/analise-de-caso-artigo-19-do-marco-civil-da-internet -e-abuso-de-direito>. Acesso em: [03/09/2023].

BRASIL. Lei nº 12.965, de 23 de abril de 2014. Estabelece princípios, garantias, direitos e deveres para o uso da Internet no Brasil. Diário Oficial da União, Brasília, DF, 24 abr. 2014. Disponível em <http://www5.tjba.jus.br/portal/wp-content/uploads/2020/09/Lei-12.965-2014Marco-Civil-da-Internet.pdfe>. Acesso em: [03/09/2023].

TOMASEVICIUS FILHO, Eduardo. Marco Civil da Internet: uma lei sem conteúdo normativo. **Estudos Avançados**, v. 30, p. 269-285, 2016.

Grupo 6

LEI GERAL DE PROTEÇÃO DE DADOS (LGPD) – LEI Nº 13.709/2018

Alunos: Moises Bastos da Cruz
Vinicius dias Nogueira
Vinicius Nobre da Silva

---

1.   INTRODUÇÃO

A Lei Geral de Proteção de Dados (LGPD) representa um marco essencial no universo digital. Promulgada em setembro de 2020, essa legislação brasileira visa garantir a segurança e a privacidade dos dados pessoais dos cidadãos em um mundo onde a tecnologia permeia todas as esferas da nossa vida.

A LGPD surge como uma resposta necessária às crescentes preocupações com a privacidade dos dados pessoais em um contexto de transformação digital acelerada. Seu propósito fundamental é estabelecer regras e diretrizes para o tratamento de informações pessoais, assegurando que empresas e organizações respeitem os direitos dos indivíduos em relação às coleta, armazenamento e uso de seus dados.

Nesta introdução, exploraremos os principais pilares

da LGPD, incluindo seus princípios fundamentais, os direitos conferidos aos titulares de dados, as responsabilidades das empresas e as sanções em caso de nao conformidade. Além disso, abordaremos como a LGPD impacta as operações empresariais, influenciando a forma como as organizações lidam com os dados dos clientes e moldando um ambiente digital mais ético e seguro.

As medida que mergulhamos no mundo complexo da proteção de dados, entenderemos por que a LGPD é um passo crucial em direção a um futuro digital onde a privacidade e a segurança dos dados são prioridades essenciais. Acompanhe-nos nesta jornada para explorar os detalhes e implicações dessa importante legislação.

2.   CONTEXTO HISTÓRICO DA LGPD

Legislação Global: A União Europeia estabeleceu o Regulamento Geral de Proteção de Dados (GDPR) em 2018, que se tornou uma referência mundial em proteção de dados. Isso influenciou muitos países, incluindo o Brasil, a considerar regulamentações semelhantes.

Escândalos de Dados: Escândalos envolvendo o uso indevido de dados pessoais, como o caso Cambridge Analytica em 2018, trouxeram à tona a necessidade urgente de regulamentação para proteger a privacidade dos indivíduos.

Demandas da Sociedade Civil: Grupos de defesa da privacidade, acadêmicos e cidadãos preocupados começaram a pressionar por regulamentações mais rígidas para proteger os direitos individuais em um mundo cada vez mais digitalizado.

Iniciativas Legislativas no Brasil: No Brasil, a discussão sobre a proteção de dados começou com o Projeto de Lei 4060/2012, junto com o Projeto de Lei 5276/2016 e evoluiu para o Projeto de Lei da Câmara (PLC) 53/2018. Após anos de debate, a LGPD foi finalmente aprovada em agosto de 2018 e entrou em vigor em setembro de 2020.

3.   PRINCÍPIOS FUNDAMENTAIS DA LGPD

Princípio da Finalidade: Os dados pessoais devem ser coletados para propósitos específicos e legítimos. Isso significa que as empresas devem informar claramente aos titulares dos dados qual é o propósito da coleta e só podem usar os dados para esse fim.

Princípio da Adequação: Os dados coletados devem ser relevantes, adequados e limitados ao que é necessário para atingir a finalidade para a qual foram coletados. As empresas não podem coletar dados excessivos ou irrelevantes.

Princípio da Necessidade: A coleta de dados pessoais deve ser necessária para atingir a finalidade declarada. Não é permitida a coleta de dados pessoais de forma arbitrária ou desproporcional.

Princípio do Consentimento: O tratamento de dados pessoais requer o consentimento do titular, a menos que haja uma base legal diferente para o tratamento. O consentimento deve ser livre, informado, específico e inequívoco.

Princípio da Transparência: As empresas são obrigadas a fornecer informações claras e acessíveis aos titulares dos dados sobre como seus dados estão sendo coletados, processados e utilizados.

Princípio da Segurança: As empresas devem adotar medidas técnicas e organizacionais adequadas para proteger os dados pessoais contra acessos não autorizados, vazamentos ou outros incidentes de segurança. Princípio da Prestação de Contas (Accountability): As empresas são responsáveis por demonstrar sua conformidade com a LGPD. Isso inclui manter registros internos de atividades de tratamento de dados e adotar políticas de proteção de dados. Princípio da Não Discriminação: E proibido o tratamento de dados pessoais para fins discriminatórios, abusivos ou ilegais. Os titulares dos dados não podem ser prejudicados com base em suas informações pessoais. Princípio da Responsabilização e da Prestação de Contas (Accountability): As empresas são responsáveis por demonstrar que estão em conformidade com a LGPD. Isso envolve a manutenção de registros internos de atividades de tratamento de dados e a adoção de políticas de proteção de dados. Princípio da Livre Acesso: Os titulares dos dados têm o direito de acessar seus dados pessoais que foram coletados e tratados pelas empresas. Eles também têm o direito de solicitar correções, exclusões ou a portabilidade de seus dados.

4. RESPONSABILIDADES DAS EMPRESAS

Nomeação do Encarregado de Proteção de Dados (DPO): Empresas que realizam o tratamento de dados em grande escala ou que lidam com categorias especiais de dados são obrigadas a nomear um DPO, que atuará como ponto de contato entre a empresa, os titulares de dados e a

Autoridade Nacional de Proteção de Dados (ANPD). O DPO é responsável por garantir a conformidade com a LGPD, além de monitorar e aconselhar sobre as atividades de tratamento de dados.

Transparência e Informação: As empresas devem fornecer informações claras e acessíveis aos titulares de dados sobre como seus dados pessoais estão sendo coletados, processados e utilizados. Isso geralmente é feito por meio de políticas de privacidade e avisos de consentimento.

Garantia de Segurança: As empresas são responsáveis por implementar medidas técnicas e organizacionais adequadas para proteger os dados pessoais contra acesso não autorizado, vazamento, perda ou destruição. A segurança dos dados é um aspecto crítico da LGPD.

Notificação de Incidentes de Segurança: Se ocorrer um incidente de segurança que possa resultar em risco ou dano aos titulares de dados, a empresa é obrigada a notificar a ANPD e os titulares afetados em um prazo determinado.

Isso permite uma resposta rápida e eficaz em caso de violações de dados.

Responsabilidade Extraterritorial: A LGPD se aplica a empresas localizadas fora do Brasil que coletam ou processam dados de titulares no país. Portanto, empresas estrangeiras que atendem a esse critério também têm responsabilidades nos termos da LGPD.

Responsabilidade Civil e Penal: As empresas que não cumprem as disposições da LGPD estão sujeitas a sanções civis e administrativas, incluindo multas substanciais e outras medidas corretivas. Responsabilidade por Terceiros: As empresas também são responsáveis pelo tratamento de dados pessoais realizados por terceiros com os quais compartilham informações. Portanto, é fundamental estabelecer contratos e acordos que garantam a conformidade com a LGPD por parte desses terceiros.

5. SANÇÕES PELA NÃO CONFORMIDADE

Advertência: A ANPD pode emitir uma advertência à empresa infratora, dando-lhe um prazo para corrigir as violações. Multa Simples: As multas por violações podem ser de até 2% do faturamento anual da empresa, limitadas a R$ 50 milhões por infração.

Multa Diária: A ANPD pode impor multas diárias para garantir que a empresa tome medidas para corrigir as violações de dados.

Publicação da Infração: A ANPD pode tornar pública a infração, o que pode afetar a reputação da empresa.

Bloqueio de Dados: A ANPD pode determinar o bloqueio dos dados pessoais relacionados à violação até que a conformidade seja alcançada.

Eliminação de Dados: Em casos graves de não conformidade, a ANPD pode ordenar a eliminação dos dados pessoais envolvidos na infração.

Suspensão do Tratamento de Dados: A ANPD pode suspender temporariamente o tratamento de dados pessoais pela empresa infratora.

Proibição do Tratamento de Dados: Em casos extremos, a ANPD pode proibir a empresa de realizar o tratamento de dados pessoais.

6.   LEI SEMELHANTE A LGPD

Regulamento Geral de Proteção de Dados (GDPR) - União Europeia: O GDPR é uma das leis de proteção de dados mais abrangentes do mundo e se aplica a todos os países da União Europeia (UE). Ele estabelece regras rigorosas para o tratamento de dados pessoais, incluindo a obtenção de consentimento claro dos titulares de dados, a nomeação de um Encarregado de Proteção de Dados (DPO), a notificação de violações de dados e a imposição de multas substanciais por não conformidade.

Impacto e desafios nas Empresas

• Custos de Conformidade: Para cumprir com as regulamentações de proteção de dados, as empresas frequentemente precisam investir em novas políticas, processos e tecnologias. Isso pode incluir a nomeação de Encarregados de Proteção de Dados (DPOs), a implementação de medidas de segurança de dados, a realização de avaliações de impacto na privacidade e a atualização de políticas de privacidade e termos de uso.

Esses investimentos podem ser significativos.

• Impacto na Reputação: As empresas que não cumprem as regulamentações de proteção de dados podem enfrentar danos significativos à sua reputação. A falta de conformidade pode resultar em perda de confiança por parte dos clientes e parceiros comerciais.

• Vantagem Competitiva: Por outro lado, as empresas

que demonstram um forte compromisso com a privacidade e a segurança dos dados podem obter uma vantagem competitiva. Os consumidores estão cada vez mais conscientes da importaDncia da proteção de dados, e empresas que se destacam nessa área podem atrair clientes preocupados com a privacidade.

• Compreensão das Regulamentações: As leis de proteção de dados costumam ser complexas e detalhadas, e as empresas precisam entender completamente as regulamentações para garantir a conformidade. Isso requer um esforço significativo em termos de treinamento e educação. Mudanças nos Processos de Negócios: As empresas muitas vezes precisam revisar e ajustar seus processos de negócios para garantir a conformidade com as regulamentações. Isso pode incluir a revisão das políticas de privacidade, termos de uso e contratos com terceiros. Impacto Financeiro: A implementação das regulamentações de proteção de dados pode ser custosa. Isso inclui investimentos em tecnologia, treinamento, consultoria legal e auditorias de conformidade.

7. PRIMEIRA EMPRESA MULTADA PELA LGPD

A primeira multa pelo descumprimento da LGPD foi aplicado no Brasil. Foram duas sanções administrativas de R$ 7.200,00 cada, totalizando R$ 14.400,00 à Telekall Infoservice, do ramo de telefonia, sediada em Vila Velha (ES). As multas foram publicadas na u7ltima quinta-feira (6) no Diário Oficial da União após finalização de um processo administrativo aberto contra a Telekall

Infoservice em março de 2022. A empresa de telefonia foi investigada por

Supostamente comercializar dados pessoais ao oferecer uma lista de contatos de WhatsApp de eleitores com o objetivo de que os contatos fossem usados disseminar material de campanha eleitoral em 2020. Não possuir profissional encarregado pelo tratamento de dados pessoais pela empresa. Ou seja, alguém para responder por qualquer atividade envolvendo o uso, processamento, armazenamento de informações pessoas.

8. CONSIDERAÇÕES FINAIS

A Lei Geral de Proteção de Dados (LGPD), em vigor desde setembro de 2020, representa um marco na proteção da privacidade e segurança dos dados no Brasil. Essa legislação surgiu para regulamentar o tratamento de dados pessoais em todos os setores da sociedade, com ênfase nas empresas de tecnologia que lidam diariamente com informações sensíveis de milho*es de usuários. A LGPD impõe às empresas a responsabilidade de garantir a transparência na coleta e tratamento de dados, informando claramente aos usuários quais informações são coletadas, como serão usadas e garantindo o consentimento explícito. Além disso, a lei exige medidas de segurança robustas para proteger os dados contra acessos não autorizados e vazamentos. Essa legislação não apenas reforça a conformidade legal, mas também promove a confiança entre empresas e

Clientes. Empresas que se adequam à LGPD não apenas evitam multas, mas também ganham reputação como organizações comprometidas com a proteção da privacidade dos clientes. A LGPD reflete uma tendência global de proteção de dados e estabelece um padrão ético para o tratamento de informações pessoais. No contexto tecnológico em constante evolução, essa lei se torna cada vez mais relevante, assegurando que os direitos dos usuários sejam protegidos em um ambiente digital.

## 9.	REFERÊNCIAS

BRASIL. Lei nº 13.709, de 14 de agosto de 2018. Lei Geral de Proteção de Dados Pessoais (LGPD). Disponível em: http://www.planalto.gov.br/ccivil_03/_ato2015-2018/2018/lei/L13709.htm. Acesso em: 03 de setembro de 2023.

Daniel Lima. LGPD: quais os desafios enfrentados pelo Brasil na sua aplicação. Disponível em: https://matriculas.damasio.com.br/blog/lgpd-quais-os-desafiosenfrentados-pelo-brasil-nasua-aplicacao/ . Acesso em: 03 de setembro de 2023.

Rafael Reis. Os desafios da implementação da LGPD em empresas brasileiras. Disponível em: https://www.direitoempresarial.com.br/os-desafios-daimplementacao-da-lgpd-emempresas-brasileiras   . Acesso em: 03 de setembro de 2023.

Leonardo Quintiliano. Contexto histórico e finalidade da Lei Geral de Proteção de Dados (LGPD). Disponível em: https://www.jusbrasil.com.br/artigos/contexto-historico-e-finalidade-da-leigeral-de-protecao-de-dados-lgpd/1203647706. Acesso em: 03 de setembro de 2023.

O que é a LGPD?. Disponível em: https://www.mpf.mp.br/servicos/lgpd/o-quee-a-lgpd. Acesso em: 03 de setembro de 2023.

Princípios da LGPD. Disponível em: https://www.gov.br/mds/pt-br/acesso-ainformacao/lgpd/principios-da-lgpd. Acesso em: 03 de setembro de 2023.

Fundamentos e Princípios. Conselho Nacional do Ministério Publico. Disponível em: https://www.cnmp.mp.br/portal/transparencia/lei-geral-de-protecao-dedados-pessoais-lgpd/a-lgpd/fundamentos-e-principios. Acesso em: 03 de setembro de 2023.

10 princípios que norteiam o tratamento dos dados pessoais segundo a LGPD. Get Privacy. Disponível em: https://getprivacy.com.br/10-principiostratamento-de-dados-pessoais-lgpd/. Acesso em: 03 de setembro de 2023.

Sheila Guia. DPO: entendendo critérios legais para nomeação e suas atribuições. Disponível em: https://www.lgpdbrasil.com.br/dpo-entendendo-criterioslegais-para-nomeacao-e-suas-atribuicoes/. Acesso em: 03 de setembro de 2023.

Quais são principais responsabilidades das empresas para cumprir a LGPD. LGPDNews. Disponível em: https://lgpdnews.com/2023/03/quais-saoprincipais-responsabilidades-das-empresas-para-cumprir-a-lgpd/. Acesso em:

Marianna Alencar. LBCA. Disponível em: https://lbca.com.br/responsabilidadepelo-vazamento-de-dados-pessoais-em-assistencia-tecnica/. Acesso em: 03 de setembro de 2023.

LGPD e GDPR: entenda as diferenças e semelhanças entre as leis. Get Privacy. Disponível em: https://getprivacy.com.br/lgpd-gdpr-diferencas-semelhancas/. Acesso em: 03 de setembro de 2023.

Fernando Lemme Weiss .Paralelo entre a Lei Geral de Proteção de Dados, o CCPA e o GDPR europeu. Disponível em: https://www.conjur.com.br/2020-out-28/weiss-paralelo-entre-lgpd-ccpa-gdpreuropeu. Acesso em: 03 de setembro de 2023.

O IMPACTO DA LGPD NOS NEGOCIOS. SERPRO. Disponível em: https://www.serpro.gov.br/lgpd/empresa/o-impacto-lgpd-nos-negocios. Acesso em: 03 de setembro de 2023.

Arthur Braga Nascimento. A Era de Dados e o impacto da LGPD nos negócios. Disponível em: https://valorinveste.globo.com/blogs/seu-negocio/post/2021/10/a-era-dedados-e-o-impacto-da-lgpd-nos-negocios.ghtml. Acesso em: 03 de setembro de 2023.

LGPD: o que é e como ela afeta a sua empresa. Get Privacy. Disponível em: https://getprivacy.com.br/lgpd-o-que-e-e-como-ela-afeta-a-sua-empresa/. Acesso em: 03 de setembro de 2023.

Lorena França. Desafios da Aplicação da Lei Geral de Proteção de Dados em Empresas Brasileiras. Disponível em: https://www.jusbrasil.com.br/artigos/desafios-da-aplicacao-da-lei-geral-deprotecao-de-dados-em-empresas-brasileiras/1836659674. Acesso em: 03 de setembro de 2023.

LGPD: 5 principais desafios para pequenas empresas. Get Privacy. Disponível em: https://getprivacy.com.br/lgpd-5-principais-desafios-para-pequenasempresas/. Acesso em: 03 de setembro de 2023. 1ª empresa é multada no Brasil por violar dados. UOL. Disponível em: https://www.uol.com.br/tilt/noticias/redacao/2023/07/10/primeira-multaaplicada-lgpd-brasil.htm. Acesso em: 03 de setembro de 2023.

SEMINÁRIOS

Introdução ao Direito e Direito Digital

PROF. JORIELSON BRITO NASCIMENTO
Editora Independente

Prof. Jorielson Brito Nascimento

✓ Doutorando em Ciências Jurídicas (Teorias Jurídicas Contemporâneas) pela Universidade Federal do Rio de Janeiro (UFRJ);
✓ Mestre em Direito Ambiental e Políticas Públicas pela Universidade Federal do Amapá (UNIFAP);
✓ Graduado em Direito pela Universidade Federla do Amapá (UNIFAP);
✓ Graduado em Licenciatura Plena em Matemática pela Universidade Federal do Amapá (UNIFAP);
✓ Professor do Magistério Superior da Universidade Federal do Amapá (UNIFAP/MEC);
✓ Agente de Polícia Federal - Departamento de Polícia Federal (PF/MJ);
✓ Ex-Oficial de Ligação da Polícia Federal na Guiana Francesa (2011-2013 - INTERPOL/PF);
✓ Professor em Programas de Pós-Graduação nas áreas de Ciências Criminais, Ciências Ambientais, Segurança Pública e Seguranança Ambiental;
✓ Diretor-Presidente da Escola de Administração Pública do Amapá - EAP/AP (2019-2021);
✓ Exerceu o mandato de Vereador da cidade de Macapá/AP (2017 / 2018);
✓ Exerceu o mandato de Deputado Federal em 2022 (Brasília-DF - 56ª Legislatura - República Federativa do Brasil);